FABIAN STEINHAUER

Vom Scheiden

Lectiones Inaugurales

Band 10

Vom Scheiden

Geschichte und Theorie
einer juristischen Kulturtechnik

Von

Fabian Steinhauer

Duncker & Humblot · Berlin

Bibliografische Information der Deutschen Nationalbibliothek

Die Deutsche Nationalbibliothek verzeichnet diese Publikation in
der Deutschen Nationalbibliografie; detaillierte bibliografische Daten
sind im Internet über http://dnb.d-nb.de abrufbar.

Alle Rechte vorbehalten
© 2015 Duncker & Humblot GmbH, Berlin
Fremddatenübernahme: Klaus-Dieter Voigt, Berlin
Druck: Meta Systems Publishing & Printservices GmbH, Wustermark
Printed in Germany

ISSN 2194-3257

ISBN 978-3-428-14483-9 (Print)
ISBN 978-3-428-54483-7 (E-Book)
ISBN 978-3-428-84483-8 (Print & E-Book)

Gedruckt auf alterungsbeständigem (säurefreiem) Papier
entsprechend ISO 9706 ♾

Internet: http://www.duncker-humblot.de

Vorwort

Man soll mit dem Scheiden anfangen. Dieser Text ist die erweiterte Fassung der Antrittsvorlesung, die ich am 15.01.2014 vor dem juristischen Fachbereich der Goethe-Universität in Frankfurt gehalten habe. Sie handelt vom Scheiden. Antrittsvorlesungen sind schließlich auch Abtrittsvorlesungen, zumindest wenn sie ein Habilitationsverfahren abschließen. Man erhält dann eine Urkunde, um aufrecht gehen zu können und zwar weg, in die Fremde. Das ist allerdings nur ein Grund, warum diese Vorlesung vom Scheiden handelt, und es ist nicht der erste. Wenn man nämlich erst im Abtritt scheidet, dann ist es schon zu spät. Sicher sollte man sich spätestens dann, wenn man eine Reihe von Qualifikationen abschließt, auch fragen, ob man von nun an im Rahmen bleibt und es das jetzt gewesen oder nicht gewesen sein soll. Klug ist es, von Anfang an, also ganz prinzipiell zu scheiden. Sich mit oder nach einer letzten Qualifikation vom Recht zu entfernen, das erscheint nicht ratsam. Klug ist es, die Entfernung des Rechts von Anfang an mitzumachen. Das ist wohl die Position, von der aus über das Scheiden gesprochen werden sollte. Mir geht es im Folgenden also um eine Entfernung, die von Anfang an mitgemacht wird. Mir geht es auch um eine Rechtswissenschaft, die gut ist, weil sie von Anfang an scheidet, in der dann aber immer noch einiges schief gehen kann.

Die Gliederung ist gerissen. Es gibt einen neu eingefügten, einführenden Teil (I.), drei Beispiele, die ich gegenüber dem Vortragstext ausgebaut habe (II.–IV.) und ein Fazit (V.). Ich wähle für die Beispiele einen Oberbegriff (Montage), der im rechtswissenschaftlichen Kontext und in Bezug auf den Staat von Pierre Legendre verwendet wird.[1] Mich interessieren drei Vorgänge. Zuerst Worte, die isolieren, dann Reden, die schneiden und schließlich Tafeln, die gehen. Alle Beispiele behandeln also unterschiedliche Montagen. Es sind Beispiele einer Antrittsvorlesung. Man könnte und müsste also später noch mehr dazu sagen. Alle drei Beispiele haben auch mit dem Schreiben zu tun, alle drei könnte man darum auch als ‚graphologischen Vorgang' bezeichnen.[2] ‚Montage' einerseits, ‚graphologischer Vorgang' andererseits: Alle Beispiele sind durch eine Technik gekennzeichnet, mit der das Recht so gestellt wird, als ob es stünde. Das hat mit konkre-

---

[1] U. A. *Pierre Legendre,* Das politische Begehren Gottes. Studien über die Montagen des Staates und des Rechts (1988), Wien 2012; *André Michels,* Dogmatische Montagen als Herausforderung für die Psychoanalyse, in: Mein (Hg.), Die Zivilisation des Interpreten. Studien zum Werk Pierre Legendres, Wien 2012, S. 95–107.

[2] Der graphologische Vorgang hat Merkmale, die Roland Barthes (mit Leroi-Gourhan) als „Schrift" und „Graphismus" unterschieden und auseinandergehalten hat, *Roland Barthes,* Variationen über die Schrift (1973), Mainz 2006. Er kommt also als Niederlegen von Sprache, Schreiben, Ritzen, Kerben, Drücken, Zeichnen in vielfältigen Trennungs- und Mischformen vor. In dem Begriff gibt es einen Spielraum, der (wie in der Entwicklung von Barthes' Verständnis der Schrift und „Schreibung") von Zeichen semantischer Macht bis hin zur unbegriffenen Kraft von Linien und damit auch vom Metaphorischen bis hin zum Material reicht.

ten Operationen zu tun, in denen Bewegungen und Stillstellungen vorkommen. Buchstaben, Wörter, Sätze und Absätze müssen an die richtige Stelle bewegt werden, bis ein Vertrag, ein Urteil oder ein Gesetz steht. Ich meine das auch wörtlich, aber nicht nur. Es hat nämlich auch mit der symbolischen Operation einer Feststellung zu tun, weil die Fixierung im Material alleine auch nicht genügt. Mit dieser Doppelstellung zwischen Bewegung und Stillstand sowie zwischen Konkretem und Symbolischem kann man die juristischen Kulturtechniken des Scheidens einerseits auf Figuren wie die Montage und andererseits auf Figuren wie den graphologischen Vorgang zurückführen.

Im Verlauf der Gliederung geht es ins Recht, hinaus, wieder hinein und wieder hinaus. Das mag dem Einen schlingernd, dem Anderen schleifend erscheinen. Das muss aber so sein, wenn man das Scheiden von allen Seiten betrachten will. Die Frage nach der Haltbarkeit des Rechts, die hier ins Zentrum gerückt ist, ist auch die Frage, wie man mit den Limits juristischen Wissens umgehen kann, wenn man nicht weiß, auf welcher Seite des Limits man gerade steht. Eine Wissenschaft vom Scheiden wird die Limits des Rechts nicht aufheben können. Ihren Sinn und Zweck wird man für vergeblich halten, wenn man das Recht von seinen Limits befreien möchte und man wird sie nicht für vergeblich halten, wenn man mehr über diese Limits erfahren will.

Das Scheiden ist der Gegenstand dieser Vorlesung, weil es der fundamentale Vorgang des Rechts ist. Die Vorlesung läuft darauf hinaus, die Kulturtechnikforschung als Geschichte und Theorie juristischer

Grundlagen vorzustellen. In dieser Forschung geht es um Dogmatik, Rhetorik, Forensik, Kasuistik, Diplomatik, Kameralistik, Statistik, Kriminalistik, Verwaltungstechniken und all die Lehren, dank derer man etwas von Recht und Gesetz wissen und dieses Wissen wiederum teilen und übertragen kann. Scheiden, Ausscheiden, Entscheiden, Unterscheiden und Verabschieden, alles das gehört zu einem Wissen, das limitiert bleiben muss, wenn es mit Recht und Gesetz zu tun bekommt. Das Programm zielt auf kritische Grundlagenforschung, die sich um technische Vorgänge dreht. Eine solche Forschung will Gründe nicht unbedingt geben oder sichern. Sie will sie beschreiben, analysieren, kritisieren und handhabbar machen. Sie will eventuell das Gründen üben, unbedingt aber das Scheiden. Mein Dank gilt den Mitgliedern des Fachbereiches Rechtswissenschaft an der Goethe-Universität in Frankfurt und der Fakultät Medien an der Bauhaus-Universität in Weimar. Ich danke auch Kathrin Perscheid, die den Text korrigiert hat.

Fabian Steinhauer

Inhalt

I. Rechtskulturtechniken 11

II. Worte isolieren 68

III. Reden schneiden 97

IV. Tafeln gehen 129

V. Wozu also Kulturtechniken? 165

Zum Autor 177

I. Rechtskulturtechniken

1.

Was soll man vom Recht halten? Ob das Recht überhaupt haltbar ist, das steht in Frage. Ich beschäftige mich mit der Frage nach seiner Haltbarkeit, indem ich mich mit dem Scheiden beschäftige. Die These lautet, dass das Recht mit Hilfe von Techniken halten kann und dass es dabei eine Reihe von Techniken gibt, die auf das Scheiden zielen. Das Scheiden gehört zu den Kulturtechniken, die Rechte und Gesetze produzieren und reproduzieren.[3] Das Scheiden fabriziert Normativität. Pointierter ausgedrückt: Es ist das Scheiden, das fesselt. Ich möchte die Frage nach der Haltbarkeit des Rechts also nicht auf einen Bestand von Normen und nicht auf Substanzen, Quellen, Prädikate, Funktionen, Materialien oder Medien zurückführen, sondern auf technische Vorgänge.

Halten durch Scheiden? Das klingt verspielt. Kulturtechnisch ist dieser Vorgang durchaus vertraut,

---

[3] *Cornelia Vismann,* Kulturtechnik und Souveränität, in: Das Recht und seine Mittel, Frankfurt 2012, S. 445–459; *dies.,* In iudicio stare. Kulturtechniken des Rechts, in: Gephardt (Hg.), Rechtsanalyse als Kulturforschung, Frankfurt am Main 2012, S. 323–334; *Harun Maye,* Was ist eine Kulturtechnik? ZMK 2010, S. 121–135; *Sybille Krämer/Horst Bredekamp,* Kultur, Technik, Kulturtechnik: Wider die Diskursivierung der Kultur, in: dies. (Hg.), Bild-Schrift-Zahl, München 2003, S. 11–22.

vor allem durch die Gärung und Fermentierung und ihre konservierenden Zersetzungsprozesse. Auch die Rechtswissenschaft hat von dem agrikulturtechnischen Wissen schon einiges mitgenommen. Die kursierenden Kalauer über Digesten und Verdauungen sind zumindest der historische Reflex einer Vergleichbarkeit, für die es mehr als kurze Lacher und dann Sackgassen gibt. Im 19. Jahrhundert denkt Rudolf von Jhering über das begriffliche Destillieren, später dann über „Scheidekünste" nach.[4] Er zielt dabei auf dogmatische Operationen, mit denen Begriffe durch Zersetzungsschritte halt- und verwendbar gemacht würden. Er überträgt den Begriff von der Chemie auf die Jurisprudenz und das zu einer Zeit, in der dieser Begriff in anderen Sprachen seinen Glanz fast schon verlor. Jean Paul spricht Anfang des 19. Jahrhunderts spöttisch vom „[S]cheidekünsteln".[5] Von Spott ist Jhering aber weit entfernt. Er greift auf Vorstellungen über Differenzierung, Rationalisierung, Formalisierung und Technisierung des Rechts zurück. Diesen Zusammenhang will Jhering weiterführen und aktualisieren. Vielleicht war Jhering witzig, aber das Beispiel zeigt eher etwas anderes: Wo die Überlegungen zu einer durch Scheiden hergestellten Haltbarkeit verspielt sind, werden sie schnell ernst, weil sie die Trennungsmacht berühren, aus denen normative Effekte resultieren.[6] „Dogmatische Begrifflichkeit" er-

---

[4] *Rudolf von Jhering,* Geist des römischen Rechts auf den verschiedene Stufen seiner Entwicklung Bd. 2, Leipzig 1858, S. 361. Ich komme unten (II.1.) darauf zurück.

[5] *Jean Paul,* Dr. Katzenbergers Badereise, Heidelberg 1809, Kap. 4,7.

mögliche „eine Distanznahme, [...] wo die Gesellschaft Gebundenheit erwartet", schreibt Niklas Luhmann 1974.[7] Sätze taugen dann als Notationen des Gesetzes, wenn sie Distanzen ermöglichen, wenn sie abgesetzt und abgesondert sind und wenn sie dann so sprech- und schreibbar werden, als ob sie aus der Entfernung kämen. Die Sätze müssen entfernt werden, oder, wie man im Deutschen so schön sagt, verabschiedet werden, dann sind sie Gesetz.

2.

Es gibt technische Vorgänge, an denen sich die Normativität des Rechts erhält. Diese Vorgänge sind älter als jene Maschinen, an denen sich im 20. Jahrhundert die Frage nach der Technik entzündete. Bevor sich der Sinn in jener technischen Welt verborgen hat, über die Martin Heidegger in den fünfziger Jahren sprach[8], wenn er an die Quantenphysik, die Atombombe, an Kraftwerke und neue Biotechnologien dachte, hat er sich auch schon in anderen technischen Welten verborgen, und dazu gehört die Welt aller solcher Lehren, die das Gesetz reproduzieren, indem sie

---

[6] Zu dieser Trennungsmacht u.a. *Werner Hamacher,* Recht im Spiegel. Bemerkung zu einem Satz von Pierre Legendre, in: Georg Mein (Hg.), Die Zivilisation der Interpreten. Studien zum Werk Pierre Legendres, Wien 2012, S. 201–213 (204 f.).

[7] *Niklas Luhmann,* Rechtssystem und Rechtsdogmatik, Stuttgart 1974, S. 16.

[8] *Martin Heidegger,* Gelassenheit, Pfullingen 1959, S. 26. Siehe dazu den Kommentar von *Erich Hörl,* Die technologische Bedingung. Zur Einführung, in: ders. (Hg.), Die technologische Bedingung. Beiträge zur Beschreibung der technischen Welt, Berlin 2011, S. 7–53.

den Zugang zu ihm abschirmen, verstellen und kanalisieren. Es gibt eine Technik vor dem technologischen Zeitalter und deren Name ist Dogmatik. In der Technikphilosophie gibt es Tendenzen, zwischen den textuellen, diskursiven, dogmatischen und humanistischen Verfahren einerseits und einer posthumanistischen, maschinellen Technik andererseits klare Unterschiede zu markieren. Dazu tritt hier und da die These, die Technik würde der Dogmatik ein Ende bereiten.[9] Selbst in den Theorien der Netzwerke finden sich Markierungen, mit denen Technik und Dogmatik fast in einen Gegensatz gestellt werden. Bruno Latour hat zum Beispiel geschrieben, das Recht sei die „am wenigsten technische Form".[10] Ihm fehlten die verschlossenen Apparate, die funktionieren würden, ohne dass man sie durchblicken, geschweige denn überhaupt einen Blick in sie werfen könne. Dem Recht fehlten also die ‚black boxes', weil alles Text und Verknüpfung von Texten sei. Gerade damit habe sich in den Funktionsweisen des Rechts seit Rom nichts mehr geändert, keine Innovation habe stattgefunden. Einerseits ist der Hinweis auf das ‚Am-Wenigsten' eine vorsichtige Unterscheidung, aber andererseits klingt darin ein existentieller Unterschied an. Latour schreibt in dieser Passage an der Rechts-

---

[9] *Hörl* (Fn. 8), S. 9 spricht vom „technischen Ende eines bestimmten, lang dauernden und dogmatisch zu nennenden, gebräuchlichen Sinn des Sinns", als beende neue Technik alte Dogmatik.

[10] *Bruno Latour,* Eine seltsame Form der Autonomie, ZMK 2011, S. 113–140 (133 f.). Der Text ist die Übersetzung eines Teilkapitels aus *ders.,* La fabrique du droit, Paris 2000.

technik vorbei. Unabhängig davon, dass solche Apparate nämlich längst auch ein Teil juridischer Normsetzung sind[11], bindet Latour hier den Begriff der Technik wie mit einem romantischen Zuck an eine exklusive Weise bestimmter Dinge, Apparate und Maschinen, das ist sein Ausgangspunkt. Dinge fallen aber nicht vom Himmel und ihre Existenz liegt nicht in ihnen selbst begründet. Die Maschine tauche auch nicht aus dem Nichts auf, schreibt Jean-Luc Nancy, sie sei selbst maschiniert.[12] In ihrer Technik steckt nicht nur ein Vorgang, sondern auch etwas Vorgängiges. Das technische Zeitalter beginnt insofern nicht mit den Maschinen und Apparaten, die man im engeren Sinne deswegen für technische Objekte halten kann, weil sie durch unsichtbare Kräfte angetrieben sind und die Relation von Zwecken und Mitteln erschüttern. Schon die Welt der Akte, die Cornelia Vismann in ihrer Version der europäischen Rechtsgeschichte beschrieben hat, ist eine technische Welt. Die Verwaltung ist listig, angetrieben von unsichtbaren Kräften, eigensinnig und voller Verkehrungen zwischen Mitteln und Zwecken.[13] Selbst der Wink

---

[11] *Annelise Riles,* Collateral Knowledge. Legal Reasoning in the Global Financial Markets, Chicago 2011. Zur historischen Wechselwirkung zwischen modernen technischer Entwicklung und Rechtsnormierung *Milos Več,* Recht und Normierung in der Industriellen Revolution. Neue Strukturen der Normsetzung in Völkerrecht, staatlicher Gesetzgebung und gesellschaftlicher Selbstnormierung, Frankfurt am Main 2006.

[12] *Jean-Luc Nancy,* Von der Struktion, in: Hörl (Fn. 8), S. 54–72 (55).

[13] *Cornelia Vismann,* Akten. Medientechnik und Recht, Frankfurt am Main 2000, S. 20–29.

des Redners vor Gericht, den Quintilian beschreibt, ist eine technische Geste, verstellt und eingespielt gleichermaßen. Selbst die archaischen Gesetzgeber agieren technisch. Diese Technik hängt an Routinen und damit an Routen, die umschweifig und abgeschirmt sind, vom Menschen schon abgerückt, ihm äußerlich, manchmal diszipliniert, dafür aber übertragbar oder im Gebrauch lernbar, wie zum Beispiel die Schrift. In den Gebrauch der Techniken kann man im besten Fall eindringen, etwa durch Übungen, aber dann ist man Techniker oder gleich ein Nerd und hat etwas, was einen von den Anderen entfernt. Je höher dann das Lob, desto tiefer die Distanz.[14] Auch wenn die Techniken am Menschen selbst vorkommen, wie die Rhetorik, dann fordert das Eingespielte sein Tribut, und das ist die Verstellung. Technik und Dogmatik gehen mit Abschirmungen einher, die den Unterschied zwischen Herstellung und Darstellung unterlaufen.[15]

Es gibt eine Technik vor dem technologischen Zeitalter und deren Name ist Dogmatik. Die Dogmatik ist technisch und die Technik hat ihre Dogmatik. Der Aufbau beider ist ‚behelfsmäßig', er macht aus Gründen Untergründe, wie zum Beispiel den Codex. Ein

---

[14] Kein Wunder, dass Autoren über die Jurisprudenz einerseits als hohe Wissenschaft, andererseits als bloßes Herrschaftsinstrument, einerseits als Kunst, andererseits als „mechanischen Stumpfsinn" sprechen: *Uwe Wesel,* Juristische Weltkunde. Eine Einführung in das Recht (1984), Frankfurt a. M. 2000, S. 20.

[15] *Niklas Luhmann,* Legitimation durch Verfahren, Neuwied am Rhein/Berlin 1969, S. 124 ff.; *Ino Augsberg,* Recht als autopoietisches System (Gesetz und Gestell), i. E.

Teil des Codex ist in die Äußerlichkeit eines bloßen Helfers abgeschoben, aber eben nur ein Teil, nämlich derjenige, in dem der Codex keine Sammlung von Rechtssätzen sondern eine Medientechnik bezeichnet. Der Codex ist vielleicht das klassische Beispiel für etwas, was Grund und Untergrund ist, aber er ist nur ein Beispiel für ein umfassendes Phänomen, mit dem die Normativität des Rechts daherkommt. Technik und Dogmatik schichten und falten, wie es auch die Abschriften und Glossen der Juristenschulen machen. Sie schaffen einen apparatus aus Text[16], das heißt einen geschnittenen, montierten Text, der das Parate ermöglicht, indem er etwas hinzufügt, und zwar eine Scheidekunst. Die Bezeichnung apparatus wählen schon die Glossatoren.[17] Der Apparat lässt etwas erscheinen, indem er etwas einrückt und entfernt, also Entfernungen möglich macht. Er hält parat, indem er gleichzeitig diabolisch und symbolisch vorgeht. Die Beispiele von Codex und apparatus zeigen: Die Welt ist nicht erst verstellt, seitdem sie elektrisch angetrieben wird, in Zahlen zerlegt und vernetzt ist. Der Mensch ist nicht erst seitdem eine Box, seitdem Freud ihn auf diese Weise beschrieben hat und seitdem er den Begriff des Apparates auf die Psyche und die Seele des Menschen übertragen hat. Es gibt eine

---

[16] *Manlio Bellomo,* Europäische Rechtseinheit, Grundlagen und System des Ius Commune, München 2005, S. 136.

[17] Und daraus folgen, wie kann es anders sein, einige Unterscheidungen, wie z.B. die zwischen „Apparat" und „eigentlichem Apparat" (Savigny) oder die zwischen Einzel-/Streuglosse und Apparat; vgl. u.a. *Horst Heinrich Jacobs,* Magna Glossa. Textstufen der legistischen glossa ordinaria, Paderborn 2006, S. 12 m.w.N.

Technik vor dem Zeitalter „technologischer Bedingungen", bevor also solche Bedingungen auftraten, als ob sie gegenwärtig geworden wären.[18] Wenn ich weiter unten Beispiele aus der Moderne bringe und dabei erstens („Worte isolieren") auf die Welt der Schrift, des Buchdrucks und des römischen Rechts, zweitens („Reden schneiden") auf die Welt der Rede, des Films und französischer Terroristenprozesse und schließlich drittens („Tafeln gehen") auf die Welt der Schautafeln, Lehrbücher und der Weimarer Verfassung zu sprechen komme, dann überspringen alle drei Beispiele auch den Graben, der alte, angeblich dogmatische, humanistische und untechnische Zeiten von neuen, angeblich undogmatischen, posthumanistischen und technischen Zeiten trennt. Das Technische am Recht ist alt, seine Geschichte reicht weiter zurück als nur ins industrielle Zeitalter. Diese Geschichte findet über die Jahre im Material nicht zu sich. Diese Geschichte ist brüchig, und sie ist zu brüchig, um in ihr einen großen, stabil datierbaren Bruch identifizieren zu können. Die Geschichte juristischer Kulturtechniken ist nämlich einerseits eine „sedimentäre Geschichte", andererseits ist sie eine „Seismographie bewegter Zeiten".[19] In ihr gibt es Überlagerungen und

---

[18] *Hörl* (Fn. 8), zeigt in seinem Kommentar, dass man die Technikphilosophie auch mit diesen Ausgangsbedingungen historisieren kann und diese Historisierung vor allem das Maß betrifft, in dem die Vorgänge noch auf den Menschen und eine ältere Sinnkultur zurückgeführt werden können.

[19] *Pierre Legendre,* Mit fremdem Blick. Radiogespräche mit Philippe Petit zur politischen Philosophie, Psychoanalyse, Rechtsgeschichte und Anthropologie, Wien 2013, S. 85–95; *Georges Didi-Hubermann,* Das Nachleben der

Verschiebungen. Wenn man hier und jetzt gräbt, um hier und jetzt davon zu erzählen, dann blättert die Gegenwart so auf, dass sie plötzlich seltsam altert; die Vergangenheit blättert auf, so dass sie sich seltsam verjüngt. Man gerät an Falten. Irgendwann kommt einem der Boden schon beim Graben entgegen. Dabei wird eines auffällig: Es gibt eine Nähe zwischen technischen und dogmatischen Welten. Sicher zeigt das der Begriff der Dogmatik auch an, der sich mit seiner Endung in die Genealogie der τέχνη (technē) einschreibt. Würde man vermuten, dass dogmatische Welten älter sind als technische Welten, dann würde die Begriffsgeschichte diese Vermutung schon erschüttern. Das griechische Wort für Technik bezeichnet sicher nicht unsere Technik. Dennoch spannt sich eben schon seit langem eine Geschichte der Übersetzungen, Verstellungen, Routinen und Abschirmungen auf, in der Technik und Dogmatik gleichermaßen eine Rolle spielen können. Letztlich kommt es in sedimentären Geschichten und noch viel mehr in Seismographien bewegter Geschichte weder auf einen Vorrang des Alten, noch auf einen Vorrang des Neuen an. Zwischen Dogmatik und Technik gibt es eine Nähe, die man als Ähnlichkeit und Rivalität, aber nicht als stabilisiertes, gepaartes und vereinheitlichtes Verhältnis verstehen sollte.[20] Nicht einmal Codex und Codex, also nicht einmal die technische, gefaltete und

---

Bilder, Kunstgeschichte und Phantomzeit nach Aby Warburg, Berlin 2010, S. 131–298.
[20] Vgl. etwa die möglichen Entgegenstellungen am Beispiel von *Hans Blumenberg,* Dogmatische und rationale Analyse von Motivationen des technischen Fortschritts (Vortrag 1970), ZKPh 7 (2013), S. 407–422.

gebundene Buchform einerseits und die dogmatische Gesetzesform andererseits sind eins. Beide können nicht aufeinander ausruhen, obwohl beide sich vom Wort mehr als ähnlich und in der Geschichte so verwandt sind. Was an Medien, sei es die Sprache, die Geste, die Schrift oder der Computer, eigentlich technisch und was an ihnen eigentlich dogmatisch ist, steckt voller Verwechslungsmöglichkeiten und Zwist, allein schon, weil sich Material und Form nicht vollständig einfassen. Die später folgenden Beispiele hängen an Wörtern, Reden und Tafeln, sie kommen zwar allesamt aus der Moderne, aber sie sind nur Beispiele. Sie verbinden alte und neue Zeiten und doch handeln sie nur vom Scheiden. In diesen Vorgängen werden die für die Rechtswissenschaft geläufigen Oppositionen sowie Gegensätze zwischen den Normen und den Fakten, der Technik und dem Sinn, dem Material und dem Geist zwar nicht aufgehoben, aber unterlaufen. In der Nähe zwischen Technik und Dogmatik wird darum diejenige Opposition von Sinn und Technik unterlaufen, die sowohl in einer Hermeneutik semantischer Macht als auch in den Präsenzeffekten der Technik noch ausspielbar wäre. Das Symbolische (und damit das Gesetz) funktioniere technisch und die Technik bedürfe, um zu funktionieren, des Symbolischen, haben Armin Adam und Martin Stingelin festgehalten.[21] Man kann diese Beobachtung auf das Verhältnis von Dogmatik und Technik übertragen. Wenn hier Oppositionen unterlaufen werden, muss

---

[21] *Armin Adam/Martin Stingelin* (Hg.), Vorwort, in: Übertragung und Gesetz. Gründungsmythen, Kriegstheater und Unterwerfungstechniken von Institutionen, Berlin 1995, S. 7–12 (7).

das aber nicht heißen, dass Konfrontationspotential abgebaut wird. Technik und Dogmatik bilden kein Paar, nur weil es zwischen ihnen Übersetzungsmöglichkeiten gibt. Der Begriff der Technik beginnt zwar in der Dogmatik, so wie die Dogmatik in der Technik beginnt. Und doch fallen diese beiden Aspekte nicht zusammen. Es gibt eine verhäkelte, spannungsvolle Kombination, die in der Struktur der Übertragung angelegt ist, die also in der juristischen Reproduktionsweise liegt.

Scheidekünste sind diagonale Praktiken. Sie durchqueren Felder, die man auseinanderhalten soll. Sie machen das, weil sich diese Felder sonst nicht auseinanderhalten. Sie unterbrechen etwas, was sonst weiterlaufen würde und sie müssen das anhaltend tun. Sonst wäre nichts, was schiede. Wenn Unterscheidungen schwer fallen, dann laufen Kulturtechniken auf Hochtouren, um diese Schwerfälligkeit zu überwinden. Mit ihnen fallen Entscheidungen einfacher, aber nur, weil sie die Schwierigkeit operationalisieren und umlagern. Als diagonale Praktiken kommen Scheidekünste in unterschiedlichen Zeiten und an unterschiedlichen Orten, bei unterschiedlichen Leuten, in unterschiedlichen Disziplinen und Materialien und Kategorien, mit unterschiedlichen Instrumenten und Apparaten und in allen Gewalten, also in der Gesetzgebung, Rechtsprechung, der Verwaltung und selbst noch in der (un-)heiligen, (il-)legitimen Gewalt der Revolution vor. Wo überhaupt Unterschiede erscheinen, da kommen sie vor. Die Kulturtechnikforschung lässt sich schließlich weder auf Personen, noch auf Dinge, noch auf Handlungen zurückführen, also nicht auf ein Element jener Trias, die seit römischen Institutionen (persona-res-actio) als juridisches Schema möglicher Gründe fungiert. Die Kulturtechnikforschung lässt sich weder an leitenden Autoren, noch an leitenden Apparaten, noch an leitenden Aktionen festmachen, auch wenn alles drei darin vorkommt. Obwohl das alles also nicht geht, gibt es eine fundamentale Kulturtechnik, und die ist eben das Scheiden selbst. Darum gibt es auch einen Grund dafür, Kulturtechnikforschung zu betreiben, nämlich weil es etwas an der Kulturtechnik gibt, das fundamental ist. Nur eins ist nicht zu ignorieren: Das Scheiden geht durch alles durch, was es berührt, darum ist es diagonal. Es geht durch die Subjekte, durch die Dinge und durch die Handlungen hindurch. Im Hinblick auf die fundamentale Kulturtechnik des Scheidens sind Subjekte gespaltene Subjekte, Dinge und Materialien sind geschnitten, die Handlungen sind gerissen. Das Scheiden ist als juristische Kulturtechnik allerdings nur deswegen interessant, weil es fesselt und es fesselt, weil es das macht, was Kulturen eben machen, es überträgt etwas. Wenn man so will, dann lautet das Dogma der juristischen Kulturtechnikforschung, dass die diagonale Praxis des Scheidens die fundamentale kulturtechnische Operation ist. Wenn ich vom Scheiden spreche, ist das nicht zufälligerweise, sondern ganz programmatisch *abstrakt:* Das Scheiden ist eine diagonale Praxis, die etwas verstellt und die verstellt ist, selbst wenn man sie in konkreten Operationen nachweisen kann.

3.

Scheiden ist ein vieldeutiger Begriff. Das Wort reicht schon vom Verabschieden und Abscheiden über das Unterscheiden und Ausscheiden bis hin zum Entscheiden. Der Begriff ist sogar noch mit Begriffen der Teilung, Abspaltung, Entfernung, Abstraktion, Absolution und Sonderung verwandt. Im Grimm füllt die Aufführung der möglichen Bedeutungen neun Spalten.[22] Selbst die Vorstellung vom Distinkten hat etwas mit ihm zu tun. Das Scheiden kommt als Trennung und als Heiligung vor.[23] Es zerschneidet, weil es trennt, aber es heilt auch und macht ganz, etwa wenn Unterscheidungen dazu dienen, ein Phänomen als Ganzes zu fassen, zu ‚reinigen' und alles aus ihm auszuscheiden, was nicht zu ihm gehört. Dieser Begriff gehört zu jenen Grundbegriffen, die fundamental zweideutig sind. Man möchte zwar sagen, das seien doch viele Begriffe, vor allem aber die fundamentalen.[24]

---

[22] *Jacob* und *Wilhelm Grimm,* Wörterbuch der deutschen Sprache Bd. 14, München 1999, Sp. 2402–2411.

[23] Zum Scheiden als juristischer Kulturtechnik der Heiligung ist immer noch *Ernst H. Kantorowicz,* Die zwei Körper des Königs. Studien zur politischen Theologie des Mittelalters, Stuttgart 1992 das Standardwerk, siehe dort insbesondere S. 125–159 zur *iustitia mediatrix*; *Nancy,* Das Bild – das Distinkte, in: Am Grund der Bilder, Zürich/Berlin 2006, S. 7–29.

[24] Zur fundamentalen Zweideutigkeit juristischer Grundbegriffe am Beispiel „fides" u. a. *Susanne Lepsius,* Von Zweifeln zur Überzeugung. Zum Zeugenbeweis im gelehrten Recht ausgehend von der Abhandlung des Bartolus von Sassoferrato, Frankfurt am Main 2003, S. 173–175; m. w. N. auch zur „con-scientia". Am Beispiel der „Person" (§ 35 und Zusatz) z. B. *Georg Wilhelm Friedrich Hegel,* Grundlinien der Philosophie des Rechts (1821), Frankfurt am Main 1986, S. 94 f. Am Beispiel des „sacer" *Giorgio Agamben,* Homo Sacer. Die souveräne Macht und das nackte Leben, Frankfurt am Main 2002, S. 85–92; am Beispiel der „Verfassung" *Fabian Steinhauer,* Medienverfassung. Studien zur Verfassungswissenschaft nach 1990 (i. E.).

Die Begriffe sind daran aber bestimmt nicht schuld. Zweideutigkeit ist kein sekundärer Effekt der Rede und kein sekundärer Effekt der Schrift. Die Zweideutigkeit mag Sekundanten des Rechts, Fürsprechern, entgegenkommen. Sie verleugnen sie zumindest nicht. Die Zweideutigkeit setzt aber prinzipiell und schon vor dem Begriff, vor der Sprache und vor der Schrift ein. Die Menge vor dem Urknall war zwar gesammelt, aber ein Haufen, sie war Verteilung und Kollektion an einem Ort. Die Sonne wirft zwar keinen Schatten, produziert ihn aber an anderem Ort und blenden kann sie auch, von ihren Flecken wollen wir gar nicht reden. Der Kosmos teilte sich schon in Himmel und Erde, und die Erde in Land und Meer. Das Land war schon zweideutig, bevor man über es redete und es beschrieb, man konnte auf ihm laufen und stolpern. Das Meer war schon zweideutig, bevor man es besang, es konnte einen tragen und verschlingen. Insofern ist es kein Wunder, dass die Praktiken des Scheidens im Recht ebenso vielfältig und vieldeutig sind wie die Begriffe: Sie reichen von den technisch ausgerüsteten und mit raffinierten Bürokratien ausgestatteten Grenzen, die zum Beispiel Europäer von Nicht-Europäern und Legale von Illegalen scheiden, über die Registraturen, Verfahren und Formulare der Bürokratie bis hin zu der hochdifferenzierten Schriftsprache juristischer Dogmatik, wie sie universitär in Klausuren geübt und später von der Gesetzgebung über die Justiz bis hin zur Exekutive Einsatz finden soll.[25] Diese Praktiken reichen von einem stummen

---

[25] Z.B. am Standardwerk für die Justizausbildung *Hermann Daubenspeck,* Referat, Votum und Urteil, Berlin 1884 (in laufenden Umschreibungen und einzelnen Umbe-

Bereich bis in die Sprache. Scheiden ist und bleibt zweideutig. Wenn man den Begriff des Scheidens klären, destillieren, also auch mit dem behandeln will, was er sagt, dann ist es wichtig, seine Konstellation und ihre Spannung herauszuarbeiten. Die liegen darin, dass es überhaupt etwas gibt, das vom Abschied über den Unterschied zur Entscheidung reicht (und zwar in beide Richtungen!) und das in einem Begriff aushaltbar ist, obschon er eine solche Spannbreite einnimmt. Schon das Wort zieht zusammen, was auseinanderfällt, und es trägt die Drift in seinem Bestand selbst. Auch das ist wohl kein Problem, das nur Wörter hätten. Das Thema wäre schon beendet, wenn man den Begriff vorschnell definieren und seiner Vieldeutigkeit berauben würde, statt die Gelegenheit zu nutzen, auch über den Nutzen und Nachteil der Definitionen, also über ihren Mangel nachzudenken. Wenn der Leser nicht sofort erfährt, was denn mit ‚Scheiden' eigentlich oder letztlich gemeint ist, dann mag das dem Stil einer Reihe von juristischen Schreibtechniken widersprechen, die doch gerne schnell Eindeutigkeit ankündigen und einzulösen versprechen.[26] Es gibt Schulen, die lehren, die Zweideutigkeit des Rechts zu unterschlagen oder nach Möglichkeit auszuradieren, es selbst als ein eindeutiges Produkt zu verkaufen und dann lieber zu schweigen als das Ausradierte weiter zu thematisieren. Als würden die Menschen das Recht nur schlucken, wenn es einseitig sei.

---

nennungen, mit weiteren Bearbeitern wie z.B. Sattelmacher/Sirp und neuen Auflagen bis heute).

[26] Es gibt auch andere Schreibtechniken vor dem Gesetz, u.a. *Leo Strauss,* [Verfolgung und die] Kunst des Schreibens (1941), Berlin 2009.

Was für ein Wahnsinn und was für eine Unterschätzung. Diese Ausradierung kann sich ohnehin nicht halten. Kehren wir noch einmal zu den Beispielen der Zweideutigkeit zurück: Diejenigen, die als Nicht-Europäer und Illegale behandelt werden, die weder den Himmel erreichen noch die Erde und die schließlich vom Meer verschluckt werden, melden sich irgendwann zurück. Was der Vernunft entsprechen und einen Grund haben muss, muss die Doppeldeutigkeit auflösen, aber es kann das nur, indem es aus Aporien Passagen macht. Es ist darum Teil der Scheidekunst, für das Scheiden keine Definition vorauszusetzen, sondern eine Definition mitzumachen, also auch die Zweideutigkeit mitzumachen. Das Scheiden ist keine Gegebenheit, es ist eine listig konstruierte Gabe, die geübt werden muss. Es ist insofern auch ein Ziel meines Textes, einmal darüber nachzudenken, warum und wie das Wissen über das Scheiden limitiert ist, warum und wie es limitiert wird.

Das Scheiden fesselt in mehrfacher Hinsicht. Der Begriff bündelt eine Reihe von Operationen, mit denen Recht und Gesetz übertragen werden. Dazu gehört auch die Lehre, Begriffe zu zergliedern und zu definieren. Man bindet die Ochsen bei den Hörner, die Menschen bei der Zunge, heißt es in einem schon lange kursierenden Sprichwort.[27] Man bindet sie mit einer Sprache, so könnte man das Sprichwort ergän-

---

[27] U. A. Alain Supiot zitiert die französische Version („On lie les boeufs par les cornes et les hommes par les paroles"), *Alain Supiot,* Homo Juridicus. Essai sur la fonction anthropologique du droit, Paris 2005, S. 135; *Latour* (Fn. 10), S. 286, zitiert die lateinische Version („Cornu bos capitur, voce ligatur homo").

zen, die limitiert und nicht allem zugänglich ist, mit Begriffen, die definiert werden und von deren Kontur eine Faszination ausgeht, und schließlich mit Wörtern, die gestutzt und zurechtgeschnitten sind und die damit gut im Mund liegen. Sprichwörter sind dafür eigentlich selbst ein gutes Beispiel, so dicht und deutlich kommen sie daher, dass man gerne an ihnen festhält. Das alles muss im Alltag nicht bemerkt werden. So fesselt das Scheiden, aber nicht nur so, also nicht nur so unbemerkt, implizit und alltäglich. Zum anderen sind die Scheidekünste nämlich auch selbst wiederum Teil einer schon lang anhaltenden und explizit reflektierten Faszination in den exakten Wissenschaften. An einer juristischen Fakultät bietet es sich wegen dieser historischen Faszination an, dem Scheiden anhand der romanistischen Tradition, also der Beschäftigung mit der griechischen, platonischen diairesis und der aristotelischen Dialektik sowie ihren Folgen nachzugehen.[28] Es läge nahe, sich mit der römischen Rhetorik, mit divisio und partitio und ihren Einflüssen auf das Recht zu beschäftigen.[29] Es läge nahe, von der Scholastik und ihren Distinktionen und dann von Petrus Ramus' Diagrammen zu sprechen.[30]

---

[28] *Platon,* Sophistes, Frankfurt am Main 2007, S. 19–35; *Aristoteles,* Kategorien. Lehre vom Satz (Peri hermeinas) (Organon I/II) vorangeht *Porphyrius,* Einleitung in die Kategorien, Hamburg 1995; zu den Folgen u. a. *Gerhard Otte,* Dialektik und Jurisprudenz, Frankfurt am Main 1971; *Ian MacLean,* Interpretation and Meaning in the Renaissance. The Case of Law, Cambridge 1992, S. 67–86.

[29] *Dieter Nörr,* Divisio und Partitio, Berlin 1972.

[30] *C. H. F. Meyer,* Die Distinktionstechnik in der Kanonistik des 12. Jahrhunderts, Leuven 2000; *Walter J. Ong,*

Für das Öffentliche Recht läge es vielleicht noch näher, das Thema germanistisch anzugehen und dann mit Carl Schmitts Begriff der Entscheidung und seiner Auseinandersetzung mit der politischen Theologie zu beginnen.[31] Man könnte über Krisen des Unterscheidens, Lehren der Urteilskraft, Ästhetik und politische Philosophie sprechen.[32] Schließlich läge es in den Grenzen dieses Fachs auch noch nahe, über die Arbeiten des Verwaltungsfachmanns Niklas Luhmann zu Spencer-Browns Kalkül („draw a distinction"), also zur systematischen Unterscheidung und zur Ausdifferenzierung zu berichten. Vielleicht läge es sogar auch nahe, sich dem Thema aus der Perspektive religiösen Rechts zu nähern und mit der Beschneidung und dem Bund zu beginnen.[33] Es läge insgesamt also

---

Ramus. Method and the decay of dialogue. From the Art of Discourse to the Art of Reason (1958), Harvard 2004; Thomas spricht sogar von der „Klassifizierungswut" der Scholastik, um zu betonen wie sehr damals die Scheidekünste seiner Meinung nach wucherten, *Yan Thomas,* Auctoritas legum non potest veritatem naturalem tollere. Rechtsfiktionen und Natur bei den Kommentatoren des Mittelalters, in: Kervégan/Mohnhaupt (Hg.), Recht zwischen Natur und Geschichte. Deutsch-französisches Symposium vom 24. bis 26. November an der Universität Cergy-Pontoise, Frankfurt am Main 1997, S. 1–32 (11).

[31] *Carl Schmitt,* Politische Theologie. Vier Kapitel zur Lehre von der Souveränität (1922), Berlin 2004, S. 13; *Friedrich Balke,* Der Staat nach seinem Ende. Die Versuchung Carl Schmitts, München 1996, S. 21.

[32] *Susanne Lüdemann,* Vom Unterscheiden. Zur Kritik der politischen Urteilskraft bei Hannah Arendt und Giorgio Agamben, in: Geulen et al. (Hg.), Hannah Arendt und Giorgio Agamben. Parallelen, Perspektiven, Kontroversen, München 2008, S. 27–40.

nahe, das Scheiden in Bahnen verlaufen zu lassen, die schon vertraute (und wenn man so will: legitimierte) Grenzen erkennen lassen. Davon gibt es allerdings einige. Weil es eben darum immer mehr Grenzen gibt als einem vertraut sind und sie gar nicht so begrenzt vorkommen, sollte man sich noch einmal auf ein anderes Terrain einlassen.

Das kopflose Scheiden, das ist die Herausforderung. Ich gehe deshalb einen Weg, von dem ich nicht sagen kann, ob und wie anders er ist, der aber auf jeden Fall mit der Forschung und Lehre zu tun hat, in die ich in den letzten Jahre durch Zufall geraten bin, also mit der Forschung zur Geschichte und Theorie der Kulturtechniken. Es ist nicht nur Zufall, dass ich diesen Weg gehe. Es gibt dafür viele und zwei tragende Gründe. Einer hängt an der Sprechposition einer rechtswissenschaftlichen Forschung, die noch keinen Titel trägt, der zweite hängt an dem spezifischen Programm dieser Forschung. Diese Forschung hat und vergibt keine Titel, so könnte man beide Punkte paraphrasieren. Sie wirft eine technische Sicht auf das Recht, ohne diese Technik in die Hand eines ausgezeichneten Subjektes zu legen. Sie interessiert sich für die Reproduktion von Rechtsordnungen, die zwar nicht ohne Instanzen auskommen können, aber ohne letzte Zentrale auskommen müssen. Selbst wenn diese Ordnungen „Grundnormen", Gründungsmythen und Annahmen über monumentale, erste Subjekte wie den Menschen, das Volk oder den Staat pflegen,

---

[33] Gen 17, 10–14; Apg 15, 1–33; *Giorgio Agamben,* Die Zeit, die bleibt. Ein Kommentar zum Römerbrief, Frankfurt am Main 2006, S. 56–71.

dann erhalten sich diese Ordnungen anders als in ihren Gründen. Auch mit solchen Gründungsszenen reproduziert sich das Recht in heterogenen und dezentral distribuierten Techniken, also mit Hilfe von etwas, was maß- und kopflos zirkuliert, unendlich Grenzen zieht und dabei weder Boden unter den Füßen noch eine leitende Hand hätte. Scheiden wird hier eine Technik, die man nicht sicher auf das Instrument eines Willens-, Sprech-, oder Bildaktes zurückführen und dann als die souveräne und autonome Entscheidung oder die autopoietische Unterscheidung eines Subjektes oder eines Systems verstehen kann. Und doch sind die Personen, Dinge und Verhältnisse scheidbar. Scheiden bleibt also auch unter diesen kopflosen Bedingungen eine Technik und sie stiftet auch so Zusammenhang, der aber eben vom Abschied über den Unterschied zur Entscheidung reicht und der zur Tradition und Genealogie des Rechts gehört, selbst wenn sich das Recht mit dieser Technik auch noch von sich selbst abspaltet. Kurz gesagt ist es also die Kopflosigkeit, die mich an den Techniken und damit auch am Scheiden interessiert. Technische Routinen sind kopflos, weil sie so verstellte wie verstellende Verfahren und letztlich umschweifig sind. Ähnlich den Medien schwanken sie zwischen Aktivität und Passivität. Ihre Routen umgehen Zentralen, sie schweifen umher.[34]

Keinen Kopf, keinen Titel. Anders als die namensführende „Rechtswissenschaft" trägt die Kulturtech-

---

[34] *Bruno Latour,* Morality and technology: The end of the means, Theory, Culture and Society 19 (2002), S. 247–260 (251).

nikforschung bisher also nicht den Titel einer Rechtswissenschaft. Anders gesagt: Sie ist zwar eine, trägt aber nicht die entsprechende Bezeichnung. Sie spricht von einer azephalen, unbetitelten Position aus, die dem Recht gegenüber äußerlich erscheint, selbst wenn sie präzise, gründlich und wissenschaftlich integer über das Recht forscht und lehrt. Sie kann noch so viel über das Recht sagen, ihr wird sagbar sein, noch keine echte Rechtswissenschaft zu sein, weil sie titel- und kopflos ist. Ihre Identifikation mit dem Recht ist unvollendet. Sie ist auch (noch) nicht ermächtigt, rechtswissenschaftlich zu sprechen, und darin ist sie nicht alleine. Die Rechtswissenschaft verteidigt schon seit fast 2 Jahrhunderten erfolgreich ein Privileg, das mit dem Mythos von der Autonomie des Rechts in der Welt kam und das im Kern daraus besteht, auch dann nur wie Juristen über das Recht sprechen zu können, wenn diese doch sehr Unterschiedliches (und das auch noch unterschiedlich) sagen. Wenn man kein Insider ist, dann bleibt man draußen. Diese fehlende Ermächtigung und der abgeschirmte Zugang sind nicht unbedingt ein Grund zu Klage. Sie bieten nämlich den Vorteil, anders über die Limits des Rechts sprechen zu können, als es legitimierte Rechtswissenschaftler und Insider des Gesetzes tun. Solange man draußen bleibt, kann man das Passieren professionalisieren, weil man solange noch an den Zugängen vorbeigehen kann. Man kann sich auch den Gedanken erlauben, nicht Herr im eigenen Hause zu sein. Es bietet sogar den Vorteil erlaubter Risiken und möglicher Kontrollverluste. Es jetzt, also zu einer Antrittsvorlesung zu tun, also in einem Verfahrensstadium, das rechtlich zwar *noch* zur Qualifikation der Rechtswissenschaften, aber noch nicht vollendet dazu gehört, ist der Versuch, der Rechtswissenschaft ein Gesprächsangebot zu machen, das die Eigenschaften aller Angebote hat. Es muss nicht angenommen werden, aber es kann nur von einem Gegenüber kommen, also einer anderen Position aus, die eben auch noch anders spricht. Ich möchte mit diesem Text die azephale Situation einer Antrittsvorlesung also noch etwas nachleben lassen und die Frage nach der Qualifikation noch nicht entscheiden, bevor nicht nochmal über das Scheiden nachgedacht wurde. Die Leser haben insofern eine Aufgabe, sie sollen eine juristische Qualifikation mitmachen.

4.

Die juristische Kulturtechnikforschung ist zerstreut, und sie hat doch ein Programm. In der zeitgenössischen Literatur sind für Rechtstechniken unterschiedliche Begriffe im Spiel. Günter Frankenberg spricht von Staats- und Regierungstechniken.[35] Bei Yan Thomas wird der Begriff der „Operation" gewählt.[36] Bruno Latour und andere sprechen (teilweise wiederum mit Distanzierungen vom Begriff der Technik) von einer „fabrique".[37] Carolin Behrmann richtet ihre Blicke auf juridische „Artefakte", und auf die um sie

---

[35] *Günter Frankenberg,* Staatstechnik. Perspektiven auf Rechtsstaat und Ausnahmezustand, Berlin 2010, S. 12–40.

[36] *Yan Thomas,* Les opérations du droit, Paris 2011.

[37] *Latour,* Fabrique (Fn. 10); *Alain Pottage/Martha Mundy* (Hg.), Law, Anthropology, and the Constitution of the Social: Making Persons and Things (Cambridge Studies in Law and Society), 2004; *Latour,* Autonomie (Fn. 10), S. 133 f.

herum laufenden Praktiken.[38] Alain Supiot spricht von der „technique de l'interdit".[39] Annelise Riles und Peter Goodrich sprechen von „legal techniques".[40] Viele der Überlegungen dieser Autorinnen und Autoren sind für meine Überlegungen zum Scheiden wichtig. Cornelia Vismann und Monika Dommann sprechen programmatisch von „Kulturtechniken", das ist der Titel, den ich übernehme.[41] Es ist hier nicht der Rahmen, die Gemeinsamkeiten und Unterschiede zwischen der Kulturtechnikforschung einerseits und den Überlegungen der Rechts-, Kunst- und Wissenschaftshistoriker andererseits systematisch und umfassend zu entfalten. Im Vergleich der Lehren möchte ich aber herausarbeiten, was diese Forschungen bei aller Zerstreutheit verbindet und was sie von anderen Positionen unterscheidet. Ich möchte diese Forschung selbst ‚scheiden' und als Lehre fassen. Ihre verbindenden Züge möchte ich erstens als den archäologischen Zug und zweitens als einen ästhetischen Zug der Kulturtechnikforschung vorstellen: Sie betreiben eine symmetrische Dogmatik, eine Wissenschaft von der Abschirmung des Rechts, die sich für die innere und die äußere Seite der Abschirmung interessiert.

---

[38] *Carolin Behrmann,* Bilder, Objekte und Zeichen des Rechts, in: Jahrbuch der Max-Planck-Institutes 2012/2013, www.khi.fi.it/forschung/projekte/projekte/projekt171/index.html v. 11.06.2014.

[39] *Supiot* (Fn. 27), S. 179–221.

[40] *Riles* (Fn. 11), S. 29; *Peter Goodrich,* Reading the Law. A Critical Introduction to Legal Methods and Techniques, Oxford 1987.

[41] *Vismann* (Fn. 3); *Monika Dommann,* Autoren und Apparate. Die Geschichte des Copyrights im Medienwandel, Frankfurt am Main 2014, S. 19–21.

Der archäologische Zug durchsucht Abschirmungen. Die Kulturtechnikforschung analysiert die stummen, blinden, unbegrifflichen oder unterworfenen Prozeduren des Wissens, also jene Verfahren im Untergrund, mit denen es produziert und reproduziert wird. Die Forschung beginnt darum selbst mit einer ersten, wichtigen Unterscheidung. Was begriffen wird unterscheidet sich davon, wie und mit welcher Hilfe begriffen wird. Bei dieser Unterscheidung bleibt es freilich nicht. Das Wissen stützt sich dank dieser Unterscheidung auch auf etwas, was von der Warte des Wissens aus als ‚bloßes Mittel' entweder abqualifiziert wird oder mit einer Negation bzw. Abschirmung oder Sperre versehen ist. Einerseits behilft sich das Recht bestimmter Mittel, andererseits qualifiziert es diesen Bereich eben als bloßen Behelf ab. Die Hilfsmittel sollen selbst nicht mehr rechtlich, sie sollen eine bloße Äußerlichkeit sein. Einerseits stützt sich das Recht auf etwas, andererseits unterscheidet es sich von seinen Stützen und sperrt sich ihnen gegenüber. Diese Gründe sind Untergründe. Einerseits kommt damit ein Mangel ins Spiel, andererseits ist dieser Mangel konstitutiv für das, was das Recht erscheinen lässt. Diese erste Unterscheidung und die in ihr mitlaufenden Annahmen laufen darauf hinaus, in der Analyse des Rechts den Blick nicht einfach darauf zu richten, wie Juristen herrschen, sondern auch, wie und wessen sie sich dabei behelfen. Juristen sprechen, sind aber keine Sprachwissenschaftler. Sie schreiben, sind aber keine Grammatologen. Sie beurkunden, aber die Diplomatik wird nicht an der juristischen Fakultät gelehrt. Sie nutzen Computer, sind aber keine Informatiker. Sie benutzen und beurteilen mit der Hilfe von Kameras und Blicken Bilder, sind aber keine Bildwissenschaftler. Sie benutzen ihr Gehirn, sind aber keine Hirnforscher. Ihr Wissen ist sogar ganz offensichtlich begrenzt, und trotzdem sind sie keine Theologen und Glaubensforscher. Das alles sind Beispiele für Vorgänge, die so stützend wie mangelhaft sind und die gute Ausgangsbedingungen für ein archäologisches Unterfangen bilden.

Das Recht faltet sich ein. Man könnte die Beispiele fast unendlich fortsetzen, aber im Hinblick auf den so umfassenden wie begrenzten Behelfshorizont des Rechts genügt eine Feststellung: Das Recht faltet sich ein und limitiert sein Wissen, damit es gleichzeitig herrschen und beholfen sein kann. Fast wie in einer Figur der politischen Theologie des Mittelalters gleichen die Kulturtechniken in ihren Strukturen der iustitia mediatrix, also jener historischen Figur, in deren Zusammenhang eine Reihe von Formeln und Artefakten nicht nur helfen sollten, juristische Verfahren durchzuführen, als stünden sie in einen Zwischenraum, also zum Beispiel zwischen der Vater- und Sohnesstellung, zwischen Gabe und Empfängnis oder zwischen einer himmlischen und einer irdischen Sphäre.[42] Wie in manchem Als-Ob lagen darin ganz praktische, reale Effekte. Auch ganz praktisch und real versorgten diese Formeln und Artefakte die Rechtspraxis mit Passagen, in denen sich das Recht gleichermaßen herrschend und beholfen, normativ und konditioniert, agierend und befolgend oder eben schlichtweg in einer kanalisierten, limitierten, eingekleideten und abgeschirmten Handlungsmacht durch-

---

[42] *Kantorowicz* (Fn. 23), S. 125–159.

führen ließ. Handlungsmacht klingt so vielversprechend, ich möchte aufgrund der Abschirmung und in Nähe zu den Arbeiten von Latour lieber von einer Agentur sprechen. Die Rechtswissenschaft, die Rechtspraktiken, alle juridischen Agenturen sind Effekte einer Involution, einer Einfaltung, in der ein limitiertes Wissen die Vorgänge strukturiert und übertragbar macht.[43] Die Involution kanalisiert das Recht. Eine kulturtechnische Analyse ist in diesem Sinne eher involutions- als evolutionstheoretisch, weil sie die Sperren, mit denen das Recht abgeschirmt wird, gar nicht aufheben kann. Sie kann die Falten nicht ausbügeln. Wie, wenn nicht dogmatisch, also begrenzt und mit der Macht eines richtigen und gründlichen Anfangs, und wie, wenn nicht mit der Hilfe von ‚Grundnormen', sollte Recht möglich sein? Die Evolutionstheorie kann vielleicht Tiefenzeiten und gesellschaftliche Globalisierung, finale Bausteine des Lebens und unendliche Kombinationsmöglichkeiten entdecken. Eine Involutionstheorie durchdringt aber nicht alles und lässt auch nicht alles durchdringen, vor allem lässt sie weder das Recht noch seine Episteme alles durchdringen, nicht einmal das Recht selbst. Die Involution des Rechts führt also nicht zwangsläufig zu seiner Autonomie und ebenso wenig führt es zwangsläufig zu

---

[43] *Alain Pottage,* Introduction: The Fabrication of Persons and Things, in: Pottage/Mundy (Hg.), Law, Anthropology, and the Constitution of the Social. Making Persons and Things, Cambridge 2004, S. 1–39 (14) im Kontext eines Berichtes über Yan Thomas. Pottage verwendet den Begriff der Involution allerdings (anders als bei mir intendiert) in engerem Zusammenhang mit Luhmanns Thesen von der Ausdifferenzierung des Rechts.

seiner Selbstreferenz. Diese Involution mag vielleicht die Grundlage dafür sein, dass sich das Recht auch von anderen Sozialsphären absondern kann. Letztlich sondert sich das Recht auf diese Weise aber auch noch von sich selbst ab. So etwas wie der Grund des Rechts ist gesperrt, sogar für Juristen.[44] Wenn das Recht durch sich selbst scheidet, dann scheidet es auch von sich selbst. Das Schreiben weiß zum Beispiel nichts davon, ob es gerade an Rilke oder der Rechtsprechung vollzogen wird. Zentrale Begriffe, wie etwa der Begriff der „Rechtsprechung" machen auch ganz deutlich, dass in den Selbstverständnissen der Rechtswissenschaft auch wenig vom Schreiben und den eigenen Reproduktionsbedingungen bewusst werden muss. Es kann reflektiert werden, etwa in ausgefeilten Dogmatiken über Signaturen und Kontrasignaturen, aber der Alltag kommt ganz gut ohne mediale Reflexivität aus. Die Kulturtechnikforschung visiert auf jeden Fall gesperrte Episteme an, so dass man von einer Epistemologie der Sperrung sprechen könnte. Aus dieser Perspektive ist das Scheiden eine fundamentale Kulturtechnik des Rechts, weil das Wissen ums Recht, wo es normative Effekte hat, gesperrt sein muss und notwendig an Scheidekünsten hängt. Wenn man das überhaupt noch unter einen anspruchsvollen Begriff der Autonomie bringen möchte, dann muss man zugleich die Vorstellungen der Instrumentalisierbarkeit erheblich beschneiden. Oder man muss dann auch die Heteronomie mitbedenken.

---

[44] *Immanuel Kant,* Kritik der praktischen Vernunft (1788), Frankfurt am Main 1974 A 81,82.

Was ist es, das unterhalb des Rechts liegt und dort, so versteckt wie verschämt, aber auch frivol und maßlos an der Reproduktion des Rechts Anteil hat? Die Frage nach der Haltbarkeit des Rechts ist eine Leitfrage dieser Vorlesung. Mit einem archäologischen Zug könnte man die Leitfrage auch als eine Frage nach Untergründen reformulieren. Es ist etwas anderes als Recht, das Recht haltbar macht und dieses andere wird hier als kulturtechnischer Untergrund betrachtet. Es gibt etwas, das an der Reproduktion des Rechts Anteil nimmt und doch zugleich mit einer Sperre einhergeht, an der ein Grund abgeschirmt und zum Untergrund wird. Im Folgenden wird darum auch unterstellt, dass sich die Reproduktion von Recht und damit auch seine Haltbarkeit trotzig und widerwillig vollziehen. Schärfer und unter Rückgriff auf eine Formel von Georges Didi-Hubermann ausgedrückt[45]: Das Recht gibt es „trotz allem", vor allem aber auch gegen den Willen des Subjekts. Man muss das Recht nicht kennen (Unwissen schützt nicht), man muss es nicht verstehen, nicht fühlen und nicht lieben. Wenn man es aber doch versteht, fühlt oder gar liebt, dann auch, weil man es verstehen, fühlen und lieben muss. Man muss sich nicht auf das Recht einlassen, aber wenn man es tut, dann verpflichtend. Es ist eher technisch eingelagert als vom souveränen Bewusstsein der Subjekte getragen. Die normativen Effekte des Rechts basieren auf einer Trennungsmacht, die dem Wissen zwar eine souveräne Architektur, damit aber auch lauter Subversionen gibt. Mit der

---

[45] Zu der Formel: *Georges Didi-Hubermann,* Bilder trotz allem, München 2007.

kulturtechnischen Analyse rücken darum Prozesse ins Feld der Aufmerksamkeit, die nicht auf ein Konzept „semantischer Macht" gebracht werden können, weil sie sich auch im Unbegrifflichen, auch über Begriffe hinaus oder auch schlicht jenseits des Begriffes vollziehen.[46] Die Sprache soll nicht negiert werden, es sollen aber die sprachlichen Limitierungen mit in den Blick genommen werden.[47] Es soll auch nicht unterstellt werden, dass da, wo Recht behauptet wird, in Wahrheit nur die Macht am Werk sei. Schon wie im Fall der Sprache interessieren die Limitierungen der Macht, also nicht nur solche, die von ihr ausgehen, sondern auch solche, die sie treffen. Die stummen, blinden, unbegrifflichen und unterworfenen Prozeduren des Wissens sollten nicht als eigentliche Macht oder die stabile Basis eines nur scheinhaften Überbaus rekonstruiert werden. Das archäologische Unterfangen sucht stattdessen eine Logik der Untergründlichkeit, weil Gründe fundamental zweideutig und das Interessante an ihnen die Sperren und Abschirmungen sind. Es sucht also Gründe, die dank einer Sperre oder eben einer Abschirmung Untergründe sind. Die kulturtechnischen Prozeduren des Wissens interessieren nicht als die eigentliche Macht des Rechts, son-

---

[46] Zu diesem Begriff (der auf symptomatische Weise nicht erklärt, sondern gesetzt wird und dessen Definition darum aus der Sprachlosigkeit selbst rührt): *Armin von Bogdandy/Ingo Venzke,* In wessen Namen? Internationale Gerichte in Zeiten globalen Regierens, Berlin 2014, S. 152–154; zur Limitierung der Semantik aus kulturtechnischer Sicht u. a. *Hörl* (Fn. 8), S. 8–10.

[47] Vgl. *Giorgio Agamben,* Homo Sacer. Die souveräne Macht und das nackte Leben, Frankfurt am Main 2002, S. 61 im Exkurs zu Gesetz und Sprache.

dern ‚nur' als brüchige Faktoren „apodiktischer Gewissheit", wie Kant in seiner Kritik des (moralischen) Gesetzes formuliert. Eine apodiktische Gewissheit ist nicht in allem gewiss, also noch etwas anderes als gewiss. Sie ist auch nicht in allem apodiktisch, also noch etwas anderes als apodiktisch In ihr gibt es etwas, das nur durch das Apodiktische, und etwas, was nur durch das Gewisse ins Spiel kommt. Die diagonale Praxis einer juristischen Kulturtechnik geht eben durch alles durch.

Es gibt ein Gebot des Fremdelns. Der Rechtshistoriker Andreas Thier hat einen Aufsatz über das Verhältnis zwischen Rechtswissenschaft und Medialität geschrieben.[48] Dieser Aufsatz gibt zwar nur über einen Teil der medienhistorischen Forschung den Überblick, ist aber interessant, weil dort eine formelhafte These auftaucht. Man kann diese These auch als ‚Gebot des Fremdelns' bezeichnen. Andreas Thier schreibt dort nämlich wiederholt, der Dogmatik müssten die Medien „grundsätzlich" und „weitgehend" fremd bleiben.[49] Thier führt diese Pflicht zur Distanz auf die dogmatische Strukturierung des Rechts und das sog. „proprium" des Rechts zurück. Im Grunde soll Recht nur Recht, und nicht irgendein Medium wie z. B. die Stimme oder das Papier sein. Thier gibt hier zuerst eine alte Unterscheidung zwischen der Substanz und den Äußerlichkeiten des Rechts weitgehend ungebrochen weiter. Wenn das stimmen würde, was Thier sagt, dann wäre die Ausblendung der me-

---

[48] *Andreas Thier,* Recht, Rechtswissenschaft und Medialität, NCCR Mediality 11/2014, S. 7–14.
[49] *Thier* (Fn. 48), S. 7.

dialen Konditionen eine Voraussetzung für das dogmatische Gelingen des Rechts. Thier bleibt aber nicht bei der strikten Abschirmung der Substanz, er vermittelt nämlich das Proprium und die fremden, medialen Helfer über Figuren der Grundsätzlichkeit und des Weitgehenden miteinander. Es wäre also grundsätzlich und weitgehend, aber nicht immer und überall so, dass die Medien der Dogmatik fremd bleiben müssten. In der Dogmatik der Schriftform, der Mündlichkeit oder der Signaturen gibt es durchaus differenzierte Überlegungen darüber, welche Bedeutung den Medien zukommen sollen und was überhaupt ein Medium sein kann. Thiers Relativierung des Gebotes leuchtet also gleich ein. Er qualifiziert seine Beschreibung des Fremdelns insofern nur als juristisches Selbstverständnis oder Selbstbeschreibung und nennt das eine Übertreibung: „Freilich sind solche (Selbst-) Beschreibungen eine Übertreibung."[50] Das Gebot gibt es also, es wird geschrieben und hilft zu verstehen, aber es ist eine Art Exzess. Thier, der selbst Projekte zur medienhistorischen Forschung betreibt und sich also nicht strikt an das Gebot des Fremdelns hält, reagiert hier meines Erachtens typisch auf ein Limit der Rechtswissenschaft. Man kann dieses Limit nicht leugnen, man kann sich aber auch nicht mit ihnen begnügen. Mit seiner Form der Relativierung baut er allerdings eine bestimmte Unschärfe in seine Überlegungen ein. Wenn es schon eine Pflicht zum Fremdbleiben gibt, gibt es dann auch eine Pflicht zur Übertreibung der Selbstbeschreibung? Mir scheint, man kann diese Frage mit einem Nein beantworten, ohne

---

[50] *Thier* (Fn. 48), S. 7.

dann das Fremdeln als falsches Bewusstsein zu disqualifizieren. Man kann die Zusammenarbeit zwischen dogmatischer Struktur einerseits sowie medialen und technischen Konditionen noch schärfer in den Blick nehmen, wenn man die technischen Vorgänge der Sperre selbst, also auch Konturierungen der Dogmatik, in den Blick nimmt, statt das Verhältnis zwischen den Rechts- und Medienwissenschaften über Grundsätze und Übertreibungen zu qualifizieren. Das Scheiden ist Teil dieser technischen Sperren. Damit verbinden diese Techniken aber gerade das, was dem Recht eigen ist, mit dem, was ihm fremd ist. Es sind diagonale Praktiken, mit denen geschieden wird. Vor allem aber fesseln diese Scheidekünste gerade deswegen, also weil sie eine Fremdheit ins Recht einbauen. Annahmen über ein Proprium des Rechts erscheinen in einer kulturtechnischen Perspektive darum als konstitutiv entfremdete Annahmen. Was dem juridischen Wissen eigen ist, ist den Nutzern dieses Wissens wiederum fremd, weil sie dessen Stützen und Behelfen schon ausgesetzt ist. Darauf baut weder ein falsches noch ein richtiges, sondern ein mögliches Bewusstsein auf, weil es auf die Trennungsmacht seiner Techniken angewiesen ist. Thier verweist also zwar ganz treffend auf die Distanz zwischen der Dogmatik und den Medienwissenschaften. Während die historischen Rechtswissenschaften ganz explizit und detailliert ihr Wissen über die „Hilfswissenschaften" pflegen, pflegt die Rechtswissenschaft, je näher sie dem ‚geltenden Recht' kommt, die von Thier angesprochene Distanz zu den medialen Konditionen. Sie spricht sogar nur noch von „Nachbarwissenschaften", als lägen die Behelfe auf einem anderen Grundstück. In einem kulturtechnischen Sinne liegen solche anderen Wissenschaften aber auf dem gleichen Grundstück und sie sind Teil eines Prozesses, in dem aus Gründen Untergründe gemacht werden. Die Entfernung hat in dem Sinne eine aktive und transitive Bedeutung. Dogmatiker entfernen die medialen Operationen aus ihrem Denken. Zugleich hat die Entfernung aber auch eine passive und reflexive Bedeutung, weil diese Entfernung schon in den technischen Reproduktionsbedingungen des Rechts angelegt ist und von den Subjekten darum nur mitgemacht werden kann. Was wie eine komplizierte Lage klingt hat einen einfachen Effekt. Die Wächter des juridischen Proprium sind nicht Herr über die Mittel, derer sie sich bedienen. Sie sind eher Teil der Mittel, oder anders gesagt selbst Medien. Insofern ist es interessant, sich die technischen Entfernungsmittel der Dogmatik genauer anzuschauen, indem man sich mit dem Scheiden beschäftigt.

Zur Kulturtechnikforschung gibt es Alternativen. In der deutschsprachigen Verfassungstheorie zum Beispiel wird die Frage nach den medialen Grundlagen eher anders, auf jeden Fall aber nicht archäologisch angegangen. Es gibt zwar Projekte, wie etwa das von Thomas Vesting, in denen ebenfalls das Recht auf seine Grenzen hin befragt wird. Im Übrigen gibt es aber verständlicherweise wenig Interesse daran und große Sorge davor, an der Vorstellung zu rütteln, dass Juristen die Herren des Rechts seien. Ich möchte als anschauliches Beispiel hierfür auf einen jüngeren, verfassungstheoretischen Text verweisen, ihn zitieren und kommentieren. Wolfgang Graf Vitzthum hat in einer kurzen sprachtheoretischen Passage etwas geschrieben, was bezeichnend für dieses Problem ist, weil diese Passage von der Sprachmacht und den Medien der Juristen handelt. Vitzthum unterscheidet in dieser Passage nicht zwischen dem Wissen und seinen Techniken, also zum Beispiel nicht zwischen der Sprache, der Schrift und dem Graphismus. Er geht trotz der umfangreichen medienhistorischen Kritik an den Vorstellungen von einem Primat des Sprechens von eben diesem Primat aus. Man könnte darum auf die Idee kommen, hier würden Äpfel mit Birnen verglichen oder der Vergleich zwischen seiner Verfassungstheorie und der Kulturtechnikforschung sei unpassend. Aber nur über Vergleiche kann man die Unterschiede und das geteilte Problem deutlich machen. Dort heißt es also:

„Recht wird durch Sprache geschaffen, durch Sprache sichtbar und hörbar gemacht, angewendet, fortentwickelt, aufgehoben. Justitia mag eine Augenbinde tragen, geknebelt, stumm ist sie nicht und darf sie nicht sei: Recht-*Sprechung* [Hervorhebung im Original, FS] ist ihre Aufgabe. Die Sprache, vornehmlich natürlich die verschriftlichte Sprache, bildet den in seiner Leistungskraft kaum zu überschätzenden Rohstoff des Rechts: ‚Kein ding sei wo das wort gebricht' (Stefan George). In welcher Sprache aber wird die *Verfassung* [H. i. O., FS] zur Geltung gebracht? Mit welchen Wörtern, Worten und Wendungen, in welcher Terminologie, Tonlage und Tönung konstituiert sich das Volk als Verfassungsgeber, errichtet es sich – letztlich schreibend, nicht redend – sein Sprachdenkmal, sein verbalisiertes (National-)Staatssymbol? Inwieweit korrespondieren etwa Sprache und Dignität einer Verfassung? Inwieweit beruht die Funktionalität einer Verfassung auch auf ihrer Sprache? Und welche Sprache, das ‚Haus des Seins' (Heidegger), fördert den Verfassungserfolg?"

Vitzthum bleibt eine Antwort schuldig. Er entwirft keine Verfassungspoetik. Man kann ihm das aber nicht vorhalten. Die Sprache schuldet einem nämlich nichts, man schuldet ihr ohnehin alles. Vitzthum trifft also keine besondere Schuld, und doch teilt er ein Problem. Obschon er die verschriftlichte Sprache als Medium der juristischen Herrschaft bezeichnet, taucht ein Primat des Sprechens auf. Schreiben ist ihm wichtig, aber nur soweit es sich wie ein Sprechen verhält. Die kurze Ausführung zur neuzeitlichen Fassung des Iustitiasymbols wendet diese Annahme sogar zu einem Primat des Mundes, der Zunge und der Stimme, weil sie das Unverzichtbare im Sprechen sein sollen. Kaum hat der Autor die Sprache in dieser Passage mit einer Bündelung unterschiedlicher Figuren dann auch als „Rohstoff", „Haus des Seins" und als „verschriftlichte Sprache" beschrieben, kommt er nach dieser Passage auf Klarstellung, Steuerung, Kontrolle und Integration zu sprechen, aber das sind nur Ansätze einer Poetik. Die verschriftlichte Sprache ist darin zwar eine Art medientechnisches Maximum der Jurisprudenz. Alle Rechtswissenschaften und alle Gewalten werden insofern zur Rechtsprechung, weil sie alle an dem medientechnischen Maximum einer fixierten Sprache hängen. Aber diese Sprache ist und bleibt in seiner Beschreibung zugleich ein Instrument aus dem offenen Mund der Juristen. Die sprachliche Gestalt unterliege sogar, so schreibt Vitzthum, keinen

„externen Bindungen. Die verfassungsgebende Gewalt ist auch terminologisch unbegrenzt."[51]

---

[51] *Wolfgang Graf Vitzthum,* Form, Sprache und Stil der Verfassung, in: Otto Depenheuer/Christoph Grabenwarter

Diese Passagen legen nahe, dass das rechtsprechende Subjekt der Sprache Herr werde. Er sei nicht nur Herr im eigenen Haus, sondern auch Herr in jenem Haus, das der Autor unter Rückgriff auf Heidegger ein „Haus des Seins" nennt. Das wirft Fragen auf: Wem gehört die Sprache, dem Juristen oder dem Sein?[52] Kann man das Haus des Seins wechseln, wenn es Fragen wie diese gibt: „In welcher Sprache ..."? So, wie der Autor zuvor an einer Stelle Wörter, Worte und Wendungen unterschieden hat, wendet sich „Seins" hier vom großen Begriff zum kleinen Wort. Was Heidegger noch als ontologischen und unübersteigbaren Großbegriff konzipiert und als etwas, das nicht in der Hand des Menschen liege, wird hier zu einem Wort für das, was dem Juristen eigen sein soll. Das Sein wird ‚seins', als könne der Jurist darüber verfügen. Das Subjekt besetzt nicht nur den Grund, es wird der Grund. Die Staatsrechtslehrer werden sogar zum „Kardinalskollegium", also zu ‚Hausbesetzern', freilich legaler Art.[53] Und die terminologisch unbegrenzte Gewalt des Verfassungsgebers wird zur „Fachsprache", also einer Gewalt, die sich durch terminologische Begrenzung behauptet. Die Limitierung der Sprache und der Macht, darum ist diese Passage für die Kulturtechnikforschung interessant, wird zwar in der und durch die Hand eines Subjektes

---

(Hg.), Verfassungstheorie, Tübingen 2010, S. 373–389 (381).

[52] *Vitzthum* reflektiert einen ähnlichen Gedanken später über zwei Gebote zur (Mit-)Teilung der Sprache, nämlich den Geboten, sowohl eine Fach- als auch eine Gemeinsprache zu finden.

[53] *Vitzthum,* ebd.

behauptet, dieses Subjekt spiegelt aber auch ein monumentales und entferntes Subjekt, in dem Fall den Verfassungsgeber. Ganz deutlich trägt dies Spuren jener monumentalen Subjekte, für die sonst die Theologie zuständig ist, denn Vitzthum spricht in dem Kontext ganz treffend von der „Dignität", also einem alten Begriff für Würde, der aufgrund seines Alters noch an jene Genealogie erinnert, in der die Würde der Ebenbildlichkeit zu Gott folgte. Diese Spiegelung eines monumentalen Subjektes ist Teil einer dogmatischen Struktur, deren Limitierungen in der Kulturtechnikforschung gar nicht bestritten, aber technisch und strukturell gedacht werden. Sie werden also als Verfahren gedacht, über die kein Subjekt verfügt, weil sie den Subjekten vorgehen. Die Botschaft lautet nicht, dass das Sein nun mal so sei wie es sei, unveränderlich, starr und gottgegeben. Die Botschaft lautet viel schlichter, dass auch die Veränderbarkeit nicht in der Hand der Juristen liegt. Die Kulturtechnikforschung verfolgt damit nicht das Ziel, das Gesetz zu objektivieren, sondern die Grundlagenforschung kritisch halten zu können, indem man die fundamentale Zweideutigkeit der Gründe nicht aus den Augen verliert. Wenn man so will: Selbst Gott und die Götter sind technische und industrielle Akteure. Sie sind, wie Pierre Legendre formuliert, die Fabrik des abendländischen Menschen.[54] Spiegelungen, wie jene zwi-

---

[54] So besonders deutlich bei *Pierre Legendre,* La fabrique du l'homme occidental. Un film de Gérald Caillat sur un texte de Pierre Legendre, France 1996. Die deutsche Übersetzung lautet: Die Fabrikation des abendländischen Menschen, in: Vom Imperativ der Interpretation, Wien

schen einem Subjekt der Rechtsprechung und dem Verfassungsgeber, sind Fugen des Subjektes, sie können von Subjekten nicht besetzt und ausgefüllt werden, sie müssen von ihm mitgemacht werden. Die Aussagen in der Passage von Vitzthum sind in vielem nicht zu leugnen. Wer wollte die Sprachmacht bestreiten? Wer wollte bestreiten, dass es zur Rationalität des Rechts gehört, ein beherrschtes Sprechen zu ermöglichen? Klar soll die Sprache klar sein. Und doch werden in der Passage die Probleme dieser Rationalität ganz deutlich, und das liegt nicht nur daran, dass es doch genug stumme Prozeduren gibt, die die Rechtsprechung begleiten und tragen. Es liegt auch daran, dass die Grenze der Sprachmacht mitten durch die Sprache geht und es ermöglicht, dass Wörter und Worte immer wieder auseinanderfallen. Sprache muss geteilt werden, das macht sie so gerissen. Zeichen haben, wie Jürgen Rödig einmal mit einer abgründigen Metapher (die man bei einem Analytiker wie ihm nicht gleich vermuten würde) schrieb, die „Handfestigkeit eines kleinen Stückes Kalk", soweit seien diese Zeichen berechenbar, das sei ihr Kalkül.[55] Nun kann Kalk handlich sein, aber Festigkeit gehört nicht zu seinen typischen Merkmalen. Wenn man trotzdem einmal unterstellt, dass Juristen sprachmächtig sind, dann hat das Subjekt, das von der Sprachmacht spricht, vielleicht Kreide gefressen. Selbst wenn ein

---

2010, S. 65–100. Der englische Titel lautet wiederum: „The Fashioning of Western Man".

[55] *Jürgen Rödig,* Die Axiomatisierbarkeit juristischer Systeme (1973), in: Schriften zur juristischen Logik, Berlin u. a. 1980, S. 65–90 (73).

solches Subjekt die von der Grammatologie herausgestellte Differenz der Schrift in Figuren der Rechtsprechung übergehen würde, (ver-)äußert und schluckt dieses Subjekt die Sprache, derer es sich bemächtigen möchte.[56] Darin liegt dann vielleicht eine semantische Macht, und vielleicht ist das sogar die Macht, die dem Subjekt vorschwebt, wenn es spricht. Sie schwebt aber eben vor, so wie es auch Karotten vor Eseln tun. Mir ist schon klar, dass ich mich in meinen Beschreibungen in Begriffe und Bilder verstricke. Aber eins ist entscheidend: Ob metaphorisch oder als Katachrese, die Sprachmacht lässt sich bezeichnen, aber nicht besprechen. Sie lässt sich nicht einholen.

Der technische Witz des juristischen Sprechens liegt in der Limitierung der Sprache und der Limitierung der Macht. ‚Rechtsprechung' ist in diesem Sinne ‚Interdiktion'. Was sie mitteilt geht nämlich mit einem unberührbaren Bereich einher, an dem sich überhaupt erst die dogmatische Struktur entzündet.[57] Und das alte Wort von der *interdictio* macht mit seiner ganzen zauberhaften Fremdheit vielleicht erst wieder klar, dass dieses Verbotene und Unberührbare mitten durch die Sprache läuft.[58] Die ganze Sprache ist dann ein Zwischenbereich. Es taucht also nicht nur ereignishaft und singulär oder nur an herausragenden und markierten Orten (wie etwa Art. 1 und Art. 20 GG)

---

[56] Zur Kritik einer „sekundären Oralität" u.a. *Thomas Vesting,* Die Medien des Rechts. Schrift, Weilerswist 2011.

[57] *Jacques Derrida,* Préjugés. Vor dem Gesetz, Wien 2005, S. 62 f.; *Supiot* (Fn. 27), S. 179–185.

[58] *Pierre Legendre,* Die Kinder des Textes. Über die Elternfunktion des Staates, Wien 2011, S. 37.

auf. Das Unberührbare geht auch durch jeden und noch so alltäglichen Satz des Rechts. Wenn Subjekte limitieren, wenn sie zum Beispiel mit den Scheidekünsten einer Fachsprache umgehen, können sie nie wissen, ob sie damit Hüter oder gar Insider des Gesetzes sind, oder ob sie (sich) damit einfach ausgrenzen. Sicher könnte man so grob wie pragmatisch sagen, beides sei immer irgendwie gleichzeitig der Fall, aber daraus kann sicher keine Indifferenz folgen. Die Grenzen der Sprache und die Grenzen der Macht gehen einfach nur mitten durchs Subjekt, und dazu muss man sich verhalten. Die zitierte Passage, wer wollte das leugnen, ist von Vitzthum geschrieben, aber erkennt man darin seinen Geist? Nicht wirklich. Oder ist, wie begeisterte Grammatologen nahelegen könnten, die Schrift der heimliche Souverän dieser Passage? Nein, weil die Limitierungen der Macht auch mitten durch die Schrift gehen und sie in so unterschiedliche Dimensionen wie den Graphismus, die Niederlegung von Sprache und die Initiation von Lektüre zerlegen. Kulturtechniken sind älter als die Begriffe, die sie hervorbringen, hat Thomas Macho einmal gesagt – und damit sind sie auch älter als der Begriff der Schrift, also älter als die Begriffe, die durch das Schreiben geschaffen werden und älter als jeder Begriff, der für die Schrift stehen könnte. Dieser archäologische Verweis auf das Ältere des Schreibens soll nicht die Quellen des Rechts besser lokalisierbar machen oder behaupten, dass die Kulturtechniken des Rechts seine eigentliche und prophetische Existenzweise seien. Er soll daran erinnern, dass die technologische Bedingung in einem Entzug liegt, dessen Gründlichkeit nicht überschätzt werden kann und für den es wiederum einer Wissenschaft bedarf, die Grenzen sucht, untersucht und durchsucht, statt sie als gegeben vorauszusetzen. Es kann vielleicht keine undogmatische Dogmatik, aber durchaus eine Dogmatik neben der Dogmatik, also eine parajuridische Lehre von Scheidekünsten geben.

„Verfassungen verstehen sich nicht von selbst", hat Christian Hillgruber einmal über einen modernen Großbegriff des Rechts geschrieben.[59] Man muss ihn da beim Wort nehmen. Verfassungen sind, so wie das Recht, hermeneutisch selbstlos, und sie kommen auch nicht zu sich, weil die Kulturtechniken des Verfassens selbstlos sind und ebenfalls nicht zu sich kommen. Insofern zielt die juristische Kulturtechnikforschung auch nicht auf so etwas wie letzte Techniken und höchste Medienmacht. Sie möchte nicht die Kritik des Rechts überwinden, indem sie sich auf mediale Grundlagen besinnt und den Status medialer Aufrichtigkeit sucht. Wenn die juristische Kulturtechnikforschung eher eine Involutions- als eine Evolutionstheorie ist und immer wieder auf Gründe und Grundlagen, Anfänge und Prinzipien, Akten und Archive, Archäologie und „Arcalogie" zu sprechen kommt, dann liegt das hoffentlich nicht daran, dass sie selbst den Grund des Rechts besetzt halten möchte.[60] Sie will das, was Boris Groys in der Phänomenologie der Medien einmal den „submedialen Raum" genannt hat, hoffent-

---

[59] *Christian Hillgruber,* Verfassungsinterpretation, in: Otto Depenheuer/Christoph Grabenwarter (Hg.), Verfassungstheorie, Tübingen 2010, S. 505–534 (506).
[60] *Vismann* (Fn. 3).

lich nicht selbst ausfüllen.[61] Sie will also nicht einfach, dass das Recht von nun an „im Namen des Mediums" gesprochen wird, hoffentlich. Im besten Fall erweitert sie die Kritik des Rechts um die Kritik seiner Medien. Man braucht keine Medien- und Kulturwissenschaft um Recht zu sprechen, das machen Juristen ja ohnehin perfekt. Kulturtechnikforschung braucht man, wenn man Recht geben und nehmen, sprechen und verstummen lassen, verteilen und entziehen, einen Zugang und einen Ausgang finden will. Auch das machen manche Juristen ganz gut. Ich schildere hier also den guten Willen einer Forschung, die es so neugeboren, rein und unschuldig vielleicht gar nicht gibt.[62]

Kulturtechnikforschung ist spannend. Wenn die Forschung zu den Kulturtechniken des Rechts diejenigen Behelfe der juristischen Normativität in den

---

[61] *Boris Groys,* Unter Verdacht. Eine Phänomenologie der Medien, München 2000.

[62] Die Schwierigkeiten sind zumindest deutlich. Dieter Grimm hat sich vor einiger Zeit darüber gewundert, dass die Wissenschaften vom Recht immer wieder in den Dienst des Rechts gestellt würden (man kann das als Schwierigkeit betrachten) und Monika Dommann hat diese Verwunderung zu einer Prämisse ihrer Technikgeschichte des Urheberrechts gemacht. Sie erzählt also eine Rechtsgeschichte, die zwar den Blick um die technischen Hilfsmittel des Rechts ergänzt, aber damit nicht im Dienst des Rechts stehen soll: *Dommann* (Fn. 41), S. 17–20 mit Verweis auf *Dieter Grimm,* Recht und Staat der bürgerlichen Gesellschaft, Frankfurt am Main 1987, S. 399–427. Das ist ein Versuch, nicht im Namen des Mediums zu sprechen, also nicht mit Mitteln der Medienwissenschaft einfach Recht zu sprechen, aber es ist ein Versuch und ein seltener Fall.

Blick nimmt, dank derer Recht reproduziert wird, und wenn diese Forschung dabei selbst nicht in den Dienst des Rechts gestellt werden soll, dann ist diese Forschung mit ihrem ambivalenten Verhältnis zur Logik des Dienstes durch eine Spannung gekennzeichnet. Einerseits bewegt sie sich in der Nähe zu einer dialektischen und materialistischen Kritik, als würde sie alte Argumente über das Verhältnis von Basis und Überbau weiterführen. Andererseits kann die Forschung aber gar nicht beanspruchen, im Namen irgendeiner bestimmbaren Basis des Rechts zu sprechen, weil sie laufend die Limitierungen und Exzesse eines solchen Sprechens mitreflektiert. Die Rückführungen auf technische Grundlagen des Rechts liegen bei allen Spannungen und bei allen Unvermögen, im Namen der Basis zu sprechen, auf jeden Fall daran, dass eine juristische Kulturtechnikforschung an der Dogmatik ‚klebt' und gar nicht behaupten kann, das gesamte Wissen um das Recht zu entsperren. Etwas am Wissen bleibt gesperrt, selbst wenn man über Sperren aufklären möchte. Das heißt auch, dass man mit dieser Forschung zwar die oben zitierte Passage von Vitzthum kritisieren, aber auch nicht behaupten kann, man sei letztlich schlauer. Geschickt [sic!] ist die Passage ja auf jeden Fall. Sie und die ihr später folgende Rede vom „Kardinalskollegium" sind vielleicht katholisch und damit zwar im Namen des Katholischen, aber gegen seinen Begriff, konfessionell einseitig und religiös ausschnitthaft gefärbt. Vielleicht ist das Lob jener Sprache, die sich noch über die Schrift und über der Schrift behauptet, in Wirklichkeit ein Lob der Referenz Roms und vielleicht tut diese Passage in ihrer Kürze und Verknappung Heideggers Sprachphilosophie Gewalt an. Aber immerhin gibt sie sich nicht nur als Dogmatik zu erkennen, sondern zeigt auch die Grenzen dieser Dogmatik deutlich auf. Und vielleicht hat sogar Heideggers Sprachphilosophie mal ein bisschen Gewalt verdient. Kulturtechnikforschung möchte mit ihrem Interesse an Abschirmungen nicht viel mehr, sie ist nur eine symmetrische Dogmatik[63], die auch noch die stummen, blinden, unbegriffenen und unterworfenen Prozeduren des Wissens in die Analysen der Gesetzes miteinbezieht. Das vielleicht enttäuschende Moment ist also vielleicht, dass die juristische Kulturtechnikforschung insofern nicht mehr und nicht weniger, also auch nichts anderes als eine weitere und andere Rechtswissenschaft ist. Aber wer sagt, dass Enttäuschung ein Nachteil ist? Für eine kritische Grundlagenforschung, die vor den identifikatorischen Prozessen um Recht und Gesetz sowie vor einem möglichen Narzissmus juridischer Episteme warnt und die insofern gar keine Gründe geben, erhalten oder sichern, sondern einfach mit ihnen rechnen will, hat die Enttäuschung durchaus Vorteile. Wenn es schon keine totale Transparenz gibt, dann wenigstens Enttäuschung. Es ist außerdem noch entscheidend, ob man eine Dogmatik zugangsfixiert und aporetisch oder mit Exitstrategien und Blick auf die Passagen einrichtet. Vielleicht gibt es eine Möglichkeit, die apodiktischen Gewissheiten des Rechts nicht zu leugnen und ihrem Zwang nicht ungebrochen zu erliegen.

---

[63] *Steinhauer,* Montagen des Staates, ZfM 10 (2014), S. 111–123; *ders.,* Das Grundrecht der Kunstfreiheit, in: Augsberg/Korioth/Vesting (Hg.), Die kollektive Dimension der Grundrechte, Tübingen 2014 (i. E.).

Nicht nur das Recht, auch die Medien haben Limits. Aus dem archäologischen Zug und dem Charakter einer Involutionstheorie folgt schon ein Schluss, der auch die Ausrichtung der Kulturtechnikforschung betrifft. In einem Teil der Kulturtechnikforschung geht der Blick auf die stummen, blinden, unbegrifflichen und unterworfenen Prozeduren des Wissens noch damit einher, gleichzeitig ein ‚tieferes‘ oder ‚höheres‘ Medium zu suchen, in dem das Recht entweder dichter, kräftiger, sensibler, kreativer, reflexiver, wahrnehmungs- oder erkenntnisreicher vermittelt und übertragen würde. Diese Suche reicht von so schriftfaszinierten wie hegelianischen Medientheorien[64] über die Diagrammatik[65], die Bildwissenschaft[66] sowie emanzipatorische Theorien der Stimme[67] und des Klangs bis hin zu neuen „Transparenzträumen" der Computerkultur.[68] Dann ist einmal, wie etwa bei Walter Ong, die Schrift ein erweitertes Be-

---

[64] *Walter J. Ong,* Orality and Literacy. The Technologizing of the Word (1982), New York 2002, insbesondere S. 174–176.

[65] Z. B. allgemein *Krämer/Bredekamp* (Fn. 3), im Recht *Hermann Jahrreiss,* System des deutschen Verfassungsrechts in Tafeln und Übersichten, Tübingen 1930.

[66] *Colette Brunschwig,* Visualisierung von Rechtsnormen, Legal Design, Diss. Zürich, M. T. Fögen u. a. (Hg.), Zürcher Studien zur Rechtsgeschichte, Bd. 45, Zürich 2001.

[67] *Isabell Hensel:* Klangpotentiale: Eine Annäherung an das Rauschen des Rechts, in: Christian Joerges/Peer Zumbansen (Hg.), Politische Rechtstheorie Revisited. Rudolf Wiethölter zum 100. Semester, Bremen 2013, S. 69–99.

[68] *Manfred Schneider,* Transparenztraum. Literatur, Politik, Medien und das Unmögliche, Berlin 2013.

wusstsein; ein andermal ist die Stimme gerechter. Die Suche nach ‚verbesserten Medien' ist sicherlich ein Anwendungsfall von Scheidekünsten und ihrem Zusammenspiel mit dem Gesetz. Es gehört zu der Kunst, auch Medien zu unterscheiden und dann eines davon als gerechter oder gesetzestreuer zu bevorzugen. Wenn man aber etwas über die Scheidekunst selbst wissen will, muss man einmal diese Kunst aussetzen lassen. In einer Suche nach Leitmedien kann man nämlich den Präsenzeffekten eines Mediums (das nicht von sich aus Medium ist) auf den Leim gehen. Bemerkenswerter als die Suche nach neuen ‚Leitmedien' ist also, dass offensichtlich nicht nur das Recht, sondern auch Medien limitieren und limitiert sind. Nicht nur Rechte, sondern auch Medien lassen sich gegeneinander ausspielen und wollen übereinander triumphieren. Auch insofern erscheint das Scheiden als die fundamentale Kulturtechnik, die sich als Teil einer diagonalen Praxis auf kein Subjekt, kein Ding und keine Handlung zurückführen ließe, weil sie alles durchquert, was sie berührt.

Die Kulturtechnikforschung hat auch einen ästhetischen Zug. Es gibt eine Reihe von klassisch zu nennenden Texten, die eine Verbindung zwischen der römischrechtlichen Bezeichnung einer „ars" und einer Ästhetik Beziehungen rekonstruieren, die sie zugleich als verschüttetes Wissen darstellen. In der deutschen Literatur der Moderne ist dies vor allem ein Text des Völkerrechtlers Heinrich Triepel.[69] Ars, der Begriff, der auch als Übersetzung des Wortes τέχνη (techne)

---

[69] *Heinrich Triepel,* Vom Stil des Rechts. Beiträge zu einer Ästhetik des Rechts, Heidelberg 1947.

gilt, übersetzt Triepel mit Kunst.[70] Die versteht er wiederum als ästhetische Dimension und so beschäftigt er sich mit einer Verbindung, die für ihn durch zwei Merkmale gekennzeichnet ist: Erstens war die Verbindung schon immer da, zweitens wurde sie schon immer übersehen. „In der Tat", so schreibt er, „hat es niemals an Männern der Rechtswissenschaft gefehlt, die diesem Objekt der Forschung, sei sie rechtsgeschichtlichen, sei sie dogmatischen Charakters gewesen, auch ästhetische Reize abzugewinnen vermocht haben."[71] Wenige Seiten später: „So häufig [...] eine ästhetische ‚Seite' des Rechts behauptet wurde, so ist doch das Problem, das sich hierunter verbirgt, kaum jemals angedeutet, geschweige denn zu lösen versucht worden."[72] In der Tat ist etwas offensichtlich, was unter der Tat verborgen ist. Bei Triepel findet sich eine Nähe zwischen Archäologie und Ästhetik, die man in der Kulturtechnikforschung aufgreifen kann. Die Forschung hat also nicht nur einen archäologischen Zug. Sie zeichnet sich nicht allein dadurch aus, die stummen, blinden, unbegrifflichen und unterworfenen Prozeduren des Wissens zu analysieren, jene deutlich abgeschirmten Zonen, in denen Gründe zu Untergründe werden und Wahrnehmbares an Verborgenes grenzt. Die Abschirmung hat noch eine zweite Dimension. In juristischen Kulturtechniken kombinieren sich nämlich auch Techniken, die nichts vom Recht wissen, mit dem Imaginären und

---

[70] *Triepel* (Fn. 69), S. 11 f. unter Rückgriff auf das Zitat („ius es ars boni et aequi") von Celsus (Dig. 1,1.).
[71] *Triepel* (Fn. 69), S. 11.
[72] *Triepel* (Fn. 69), S. 20.

Symbolischen eines juristischen Grundes. Es sind die psychoanalytischen Lesarten der Gesetze und ihr Interesse an der Technik, in denen auch die Idee aufgekommen ist, dass mit der Übertragung eine Instanz ins Spiel kommt, die primär imaginären und/oder symbolischen Charakter hat.[73] In der Tradition jenseits der Psychoanalyse wird dieser Charakter noch am ehesten als Darstellung reflektiert und in der Ästhetik verortet, es gibt hier aber eine Verbindung. Die Abschirmung des Rechts hat nämlich eine innere und eine äußere Seite. Das „Vernunftgesetz", so heißt es zu Beginn von Thibauts System der Pandekten, sei dasjenige, was „als notwendig dargestellt" würde – und die Betonung kann man bei der Lektüre dieser Passage ruhig auf das „als" und die Darstellung legen.[74] Wenn Vernunft Ratio, Ratio Technik und Technik schließlich Darstellung ist, dann verstellen die vernünftigen Scheidekünste nicht nur etwas, sie stellen es auch auf und dar, und zwar so, dass es wie ein Gesetz steht. Sie stellen das Recht so, als ob es stünde. Vor allem aber kann man Thibauts historisch vielleicht marginale Aussage mit aller Vorsicht so generalisieren: Wenn Gesetze technisch reproduziert werden und auf diese Weise zur Darstellung kommen, dann gibt es auch eine Verbindung zwischen den äußerlichen und technischen Bedingungen und den so ästhetischen wie signifikanten Bereichen des Imagi-

---

[73] Vgl. die Beiträge in *Adam/Stingelin* (Fn. 21).

[74] *Anton Friedrich Justus Thibaut,* System des Pandekten-Rechts, Jena 1803, S. 23. Für die Moderne: *Hans Kelsen,* Zur Theorie der juristischen Fiktionen. Mit besonderer Berücksichtigung von Vaihingers Philosophie des Als-Ob, Annalen der Philosophie 9 (1919), S. 630–658.

nären und des Symbolischen. Die Techniken und das Imaginäre und/oder Symbolische eines juristischen Grundes kombinieren sich gerade auf der Ebene der Darstellung, also dort, wo die Abschirmungen des Rechts liegen. Neben den archäologischen Zug tritt darum ein ästhetischer Zug, mit dem die äußerliche Dimension des Technischen auf das Imaginäre und Symbolische und damit auch auf die innere Seite des Gesetzes bezogen wird. Die Äußerlichkeit des Gesetzes ist eindringlich. Mit der inneren Seite des Gesetzes ist damit eine Dimension betroffen, die aus der Rechtswissenschaft eher verdrängt wurde, zumindest soweit sich die moderne Rechtswissenschaft als Produkt der Unterscheidung zwischen weltlichem und religiösem Recht und lauter (historisch) folgenden Unterscheidungen (wie etwa denen zwischen forum internum und forum externum; zwischen Geschmack und Anwendung; zwischen Moral und Recht) versteht.

Die Abschirmung ist die dogmatische Seite des Imaginären und Symbolischen. Der ästhetische Zug besteht darin, die Abschirmung des Rechts auch als Teil symbolischer Operationen zu verstehen und diese symbolischen Operationen als eindringliche Operationen zu verstehen. Das Recht mag mit äußerlichen Dingen abgeschirmt werden, sei es eine Tafel, ein Schriftzug, ein Buch oder Architektur. Diese Abschirmung trifft aber das Subjekt und sorgt dafür, dass das Gesetz eine ‚innere Seite' erhält, die mitten durchs Subjekt geht. Das Gesetz affiziert, gerade weil es abgeschirmt ist. Das Gesetz zeigt sich, es lässt sich hören, es blickt und schließlich ruft es. Wenn es aber ruft, dann folgt man, das wusste schon die angeblich erste der zwölf Tafeln („Si in ius vocat, ito").[75] Nietzsche schreibt 1885, es schiene,

> „daß alle großen Dinge, um der Menschheit sich mit ewigen Forderungen in das Herz einzuschreiben, erst als ungeheure und furchteinflößende Fratzen über die Erde hinwandeln müss[t]en."[76]

Nietzsche beobachtet treffend auch das Gesetz, das reproduziert werden muss. Er beobachtet etwas, in dem noch das Erhabenen und die Achtung vor dem Gesetz nachscheint. Aber vermutlich reicht schon weniger als eine fürchterliche Fratze, um das Gesetz zu reproduzieren. Eine Maske, eine Personifizierung, ein Antlitz, eine Fassade oder eine menschliche Signatur tun es auch. Sie geben dem Gesetz ebenfalls eine Abschirmung und sperren es, wie alle jene Dinge, die Blicke und Rufe fabrizieren können. Die ästhetische Abschirmung mag ein sekundärer Effekt sein, weil sie in der Welt der Reproduktionen stattfindet, sich über etwas legt und etwas verstellt. In diesem Sinne ist aber die ganze Praxis des Rechts ein Sekundant des Gesetzes und ohne seine Abschirmung käme es nicht vor. Wenn das Gesetz nicht abgeschirmt ist, hat es weder einen Untergrund noch trifft es dann. Ohne Abschirmung entbehrt das Recht der „lyrischen Macht", mit er es sich in seine Subjekte so einschreibt, dass sie ihm ausgesetzt sind.[77] Pierre Legendre hat wiederholt darauf aufmerksam gemacht, dass

---

[75] *Rudolf Düll* (Hg.), Das Zwölftafelgesetz, München 1994.

[76] *Friedrich Nietzsche,* Jenseits von Gut und Böse (1885), Stuttgart 1991, S. 4.

[77] *Roger Caillois,* Die Gottesanbeterin (1934), in: Méduse & Cie. Berlin 2007, S. 9–23.

der Begriff der Dogmatik auch als Lehre vom fabrizierten Anschein verstanden werden kann.[78] „δόγμα", schreiben Lidell und Scott ganz klassisch, sei dasjenige, „that which seems to one".[79] Das Dogma ist das, was durchweg und einhellig angenommen wird. Dies Gewisse hat etwas vom Gewissen, und zwar so, wie der Codex etwas vom Codex hat. Dogmatik hat einerseits etwas mit den äußeren Dingen des Rechts zu tun, andererseits aber auch mit Dimensionen, die von den Wissenschaften nach Kant auf einer inneren Seite des Menschen verortetet werden, als hätten sie nur dort ihren versteckten Sitz. Die Dogmatik ist und bleibt dabei eine Lehre voller diagonaler Praktiken, voller Einklänge, Einschreibungen, Einsichten und Eindrücke. Das Unbewusste sei ein Jurist, sagt dann sogar Legendre. Peter Goodrich spricht mit Foucault vom „positiven Unbewußten" des Rechts.[80] Auch wenn diese Formulierungen am Diskurs der Psychoanalyse hängen, sind die Ideen nicht exklusiv psychoanalytisch, weil sie auch eine epistemologische, strategische und eine technische Dimension haben.[81] Sie sind Teil von Kulturtechniken, mit denen das Recht erscheinen kann. Wenn Recht und Gesetz nicht vom

---

[78] Der Begriff der Dogmatik leite sich von dokéo her, u. a. *Legendre,* L'empire de la vérité, Introduction aux espaces dogmatiques industriels, Paris 1983, S. 30.

[79] *Henry George Lidell/Robert Scott,* An english-greek Lexicon, Oxford 1940.

[80] *Peter Goodrich,* Salem und Byzanz. Eine kurze Geschichte beider Rechte, in: Ulrich Raulff/Gary Smith (Hg.), Wissensbilder. Strategien der Überlieferung, Berlin 1999, S. 33–59 (35 f.).

[81] Bezogen auf die Rhetorik *Bianca Lanz,* Das Recht unter dem Recht, FAZ v. 7.3.1996, S. 41.

Himmel fallen und doch erscheinen müssen, wenn sie instabil sind und doch halten müssen, wenn man etwas von ihnen wissen, denken oder glauben muss, dann müssen sie auch mit Anschein versorgt werden, um wissbar, denkbar und glaubhaft zu sein. Wichtiger als eine psychoanalytische Vertiefung scheint mir auch hier die Beobachtung einer gesperrten Epistemologie. Mit einer Scheidekunst werden die äußeren Dinge des Rechts an die innere Seite des Gesetzes gebunden. Darin liegen Sperre und Abschirmung. Das ist eine Epistemologie, die auch die ästhetische Theorie und ihr Ringen um das Geheimnis der Urteilskraft durchzieht.[82] Während man in einer Lesart von Latours Anthropologie der juristischen Agenturen heraustreicht, der Grund sei nichts, der Schein sei alles und während man so jede Form von Tiefe ausschließt, um eine neue Oberflächenanalyse der Rechts einzufordern, könnte man das Verhältnis auch anders angehen.[83] Der Grund wäre dann der Schein und der Schein wäre der Grund, zumindest wären sie verhäkelt. Wenn Akteure, Apparate oder Aktionen tiefer gehen, dann würde das nicht ausschließen, dass sie auf die Oberfläche rücken. Die Hauptsache ist aber, dass man das Scheiden, mit dem das Recht zur Er-

---

[82] U. a. *Hans-Dieter Gondek,* Vom Schönen, Guten, Wahren. Das Gesetz und das Erhabene bei Kant und Lacan, in: ders./Widmer (Hg.), Ethik und Psychoanalyse. Vom kategorischen Imperativ zum Gesetz des Begehrens: Kant und Lacan, Frankfurt 1994, S. 133–168.

[83] So Ronald Voullié in seiner Übersetzung von Latour, Eine seltsame Form (Fn. 10), S. 126 f. Der englische Übersetzer unterscheidet an der Stelle „appearances" und „content"; im Original steht „les apparances sont tout, le fond n'est rien." (S. 284).

scheinung kommt und Gestalt erhält, scharf analysiert, nicht platt.

Abschirmungen sind wendige Fiktionen. Während nach Jacques Lacan zwischen dem Symbolischen und dem Imaginären unterschieden wird, arbeiten andere Theorien eher nur mit einem Begriff, also zum Beispiel nur mit dem Begriff des Symbols, nur mit dem Begriff des Imaginären oder aber mit dem Begriff der Fiktion. Solche Theorien brauchen nur einen grundlegenden „Grenzbegriff", mit dem der Rest der Theorie dann definiert wird. Man braucht dann zum Beispiel nur eine fiktive Grundnorm, um die Welt des Seins von der Welt des Sollens zu unterscheiden. In Hans Kelsens „Theorie der juristischen Fiktionen", Yan Thomas' historischen Untersuchungen und Annelise Riles' anthropologischen Untersuchungen gibt es prägnante Überlegungen zur Fiktion, die auch (bei Kelsen vielleicht weniger deutlich als bei Thomas und Riles), das Recht als Artifizielles, also in einer Verbindung zwischen Fiktion und Technik rekonstruieren.[84] Dem stehen in der Rechtswissenschaft auch Schulen gegenüber, die (ich denke an Ernst Forsthoff)

---

[84] *Hans Kelsen,* Theorie der juristischen Fiktionen. Mit besonderer Berücksichtigung von Vaihingers Philosophie des Als-Ob, Annalen der Philosophie 10 (1919), S. 630–658; *Yan Thomas,* Fictio legis, L'empire de la fiction romaine et se limites médiévales, in: Les opérations du droit, Paris 2012, S. 133–186; erweitert *ders.,* „Auctoritas legum non potest veritatem naturalem tollere." Rechtsfiktionen und Natur bei den Kommentatoren des Mittelalters, in: Kervégan/Mohnhaupt (Hg.), Recht zwischen Natur und Geschichte. Deutsch-französisches Symposium vom 24. bis 26. November an der Universität Cergy-Pontoise, Frankfurt am Main 1997, S. 1–32.

die Technik über „Realisationen" und das Fiktive (ich denke an Ulrich Haltern) zentral über das Imaginäre politischer Gemeinschaften rekonstruieren oder die glauben, das Thema der Fiktion sei mit Hans Vaihingers „Philosophie des Als-Ob" und der Rezeption dieser Philosophie durch Kelsen abschließend behandelt.[85] Das Thema ist also voraussetzungs- und spannungsreich. Kulturtechnisch betrachtet ist die Fiktion nicht bloß eine logische und keine rein textuelle Operation. Sie gehört als Technik zu den Routinen, die mit einem Apparat einhergehen. So operieren die ästhetischen Züge also mit eindringlichen Äußerlichkeiten, vor allem aber mit einer Scheide, an der die Äußerlichkeit zur Eindringlichkeit und das Eindringliche zur Äußerung werden kann. Man kann sich noch so oft sagen, dass etwas nur fiktiv ist, es trifft trotzdem. Wenn diese eindringlichen Äußerlichkeiten selbst schon Teil einer diagonalen Praxis sind, dann ist ihre Bewegungsbahn sogar umkehrbar, sie dringen nicht nur ein, sie äußern auch etwas. Sie lassen etwas erscheinen, aus der Entfernung, und sie entfernen etwas aus der Erscheinung.[86] Abgeschirmte Gegenstände sind technisch und fiktiv, weil sie durch die Abschirmung von einer wie auch immer im Detail beschriebenen Zone des Präsenten, Gegenwärtigen, Natürlichen, Realen, Lebendigen oder Wirklichen ab-

---

[85] Zur Realisation *Ernst Forsthoff,* Der Staat der Industriegesellschaft, München 1971, S. 30–41; zum Imaginären: *Ulrich Haltern,* Europarecht und das Politischen, Tübingen 2004; zu Kelsen: *Matthias Jestaedt,* Grundrechtsentfaltung im Gesetz, Tübingen 1999, S. 305.

[86] Anders *Latour* mit einer bei ihm sonst kaum zu vermutenden, asymmetrischen Unterscheidung zwischen Fiktion und juristischer Fiktion (Fn. 10), S. 135.

gerückt sind und/oder in diese Zonen etwas Symbolisches einziehen. Das kann auch sein eigenes Reales mit sich führen, auf jeden Fall ist aber etwas Symbolisches eingezogen. Obwohl die Abschirmung eindringlich ist und sich äußert, hat man es bei ihr mit einem gesperrten Kanal zu tun. Mit der Nähe zwischen Fiktion und Technik stößt man nicht unbedingt auf den Erfindungsreichtum, die Täuschungen oder die Phantasie der Rechtswissenschaft, sondern schlicht auf den Umstand, dass derjenige, die mit dem Recht operiert, ein *fictor* ist, also ein Fertiger und Werkelnder des Gesetzes. Er verstellt etwas. Es ist, als würde er Fassaden bauen, die zwar künstlich sind und die Zugänge limitieren, die deswegen aber nicht als bloße Fiktionen und Hirngespinste geleugnet, in einen Gegensatz zur Wirklichkeit gestellt werden, oder *bloß* auf einer Außenseite oder *bloß* auf einer Innenseite des Gesetzes verortet werden können. Die eindringlichen Äußerlichkeiten der Fiktion sind Teil diagonaler Praktiken, die scheiden, was sonst nicht auseinanderhaltbar ist und die abbrechen, was sonst weiter laufen würde.

Das Scheiden ist eine Kunst, weil es nicht einfach ist. Scheidekünste fächern aus. Insofern reicht es aber auch nicht aus, darauf zu verweisen, dass der Grund, das Subjekt und das Bindende des Rechts Fiktionen oder artifizielle Einrichtungen seien. Diese Feststellung wird zwar heute kaum bestritten, sie reicht aber auch, ohne dass man eine vollständige Liste geben könnte, von solchen erzählerischen Entwürfen wie Harold Bermans Geschichte des westlichen Rechts und seiner institutionellen „Metaphern" über Kelsens „Reine Rechtslehre" und ihrer fiktiven Grundnorm bis hin zu Ulrich Halterns Rechtskulturtheorie und ihrer Überlegung zur Inszenierung des Opfers. Wenn das Fiktive und Artifizielle am Recht also im Grunde nicht bestritten wird, dann eben im Detail. Der Streit, der ohnehin in der Welt ist, wird also im Reich technischer Fiktion nicht bloß dadurch kleiner, dass man dort angelangt ist. Man könnte insofern noch auch die Idee kommen, die (gute oder reine) Fiktion von der (bösen oder hybriden) Chimäre zu unterscheiden. Die Besonderheit der Nähe zwischen Technischem und Fiktiven laufen m. E. allerdings zuerst darauf hinaus, dass das Fiktive, wo es technisch ist, auch anonym, selbstlos und äußerlich, mithin *konstitutiv vermengt, entfremdet und entfremdend* ist. Fiktionen sind so eigen wie die Figur des ‚Nerds' eigen ist. Weniger persönlich ausgedrückt sind Fiktionen Spinnereien, so wie zusammengenähte Textilien und Texte gleichermaßen gewandt, aber immer noch Spinnereien sind. Sie sind der Effekt der Technik, die mit Abschirmungen einhergeht. In die Technik einzudringen heißt, sie zu schlucken und damit selbst abgeschirmt zu sein, also selbst geschluckt zu werden. Eine Fiktion zu sichern, etwa indem man sie von der Chimäre unterscheidet, ist auch noch ein technisches Moment. Selbst wenn man also solche Sicherungen des Fiktiven betreibt (und die Rechtswissenschaften machen das in der Sorge um das Gesetz laufend), dann muss es auch Theorien geben, die auf die Verwechslung zwischen dem Imaginären und dem Symbolischen achten, weil in dieser Verwechslung die Fiktion juristisch und politisch ‚zu eigen' gemacht werden und dann der Sinn für die Abschirmung verloren gehen kann.[87] Die Rechtswissenschaften können auch mit der Einsicht in die fiktiven und artifiziellen Grundlagen ihrer Praxis einer narzisstischen Perversion erliegen. Das gilt sogar auch, wenn diese Wissenschaften nicht mehr vom Subjekt und stattdessen ganz fortschrittlich vom ‚auto' und der Poiesis sprechen oder wenn sie so abstrakt wie unbestimmt vom Grund und seiner Selbstbehauptung reden. Je erfolgreicher die Rechtswissenschaften sind und je kritischer sie die Abhängigkeit von der Politik, der Ökonomie, der Umwelt und der Religion beobachten, desto eher können sie noch die Eigendistanz verlieren und einer narzisstischen Perversion erliegen.

Soviel abstrakt. Ich komme nun zu Beispielen.

***

---

[87] Zu dieser Verwechslung *Hamacher* (Fn. 6).

II. Worte isolieren

1.

Es gibt meisterliche Beispiele für das Scheiden. 1934 veröffentlicht Fritz Schulz, er ist damals Professor in Frankfurt und noch nicht vollständig aus der juristischen Fakultät vertrieben, die „Prinzipien des römischen Rechts".[88] Die Vertreibung hatte allerdings schon begonnen. Schulz musste im Laufe des Jahres zuerst von Berlin nach Frankfurt wechseln. Im gleichen Jahr wurde er schon zwangsemeritiert. 1939 verließ er dann Deutschland, in das er nur noch als Gast, allerdings nach 1945 auch als hochgeehrter Gast, zurückkehren sollte. In diesem Buch, das auf seiner letzten Berliner Vorlesung aus dem Jahr 1933 basiert, gibt es Passagen über die römische Nation, in denen der Romanist sich auch, allerdings indirekt, mit dem damaligen deutschen Staat und seiner Rechtswissenschaft auseinandersetzt. In dem Zusammenhang, der uns beschäftigt, sind jene Passagen interessant, die vom Scheiden handeln. An sich sind das alle Stellen im Buch, aber ich meine jetzt die Passagen, die das Thema begrifflich und explizit angehen, selbst wenn dort wiederum einiges über den Begriff hinausschießt und einiges implizit und versteckt mitläuft. Im Hinblick auf eine Geschichte und Theorie juristischer

---

[88] *Fritz Schulz,* Prinzipien des römischen Rechts (1934), Berlin 1954.

Kulturtechniken ist einerseits interessant, was er über das Scheiden sagt. Und andererseits ist interessant, wie er es sagt, also welcher Kulturtechnik er sich bedient, um vom Scheiden sprechen zu können. Dass das Thema den Autor fundamental betraf ist zwar einerseits klar, schließlich war die Phase des erzwungenen Abschiedes schon deutlich eingeleitet. Genug Repräsentanten der neuen Wissenschaft hatten dem Autor signalisiert, dass sie ihn nicht für einen von ihnen hielten. Schulz sollte ausgebürgert, ‚illegal' und kein Teil des neuen Staates und seiner neuen Rechtswissenschaft werden. Es ist klar, dass Schulz etwas über das Scheiden zu sagen hatte. Andererseits ist aber nicht deutlich, wie bewusst, unbewusst oder subversiv er diese Lage in seiner Konzeption römischer Prinzipien, in der Vorlesung und der Publikation verarbeitet hat.[89] Man kann sagen, alles Mögliche komme dort vor. Schulz führt deutliche Widerreden gegen die ‚germanistischen' Thesen über das angeblich „aramäische", also ‚verjudete' und entfremdete, klassische römische Recht (vor allem im Kapitel über die „Nation"). Gleichzeitig bestätigt er aber an eben diesen Stellen auch ein Phantasma reiner, abendländischer Rechte. Und schließlich finden sich zwischen den Zeilen lauter Subversionen, die nicht nur zwischen den Stühlen des Nationalen und der Alienation, sondern auch zwischen den Stühlen des Bewussten und des Unbewussten sitzen. Für die Geschichte und Theorie der Kulturtechnik ist das alles interessant,

---

[89] Über den Unterschied zwischen Vorlesung und Publikation kann ich an dieser Stelle nichts sagen, ein Manuskript ist lt. Auskunft von Wolfgang Ernst nicht erhalten.

wenn sie sich mit den technischen Vorgängen und diagonalen Praktiken des Scheidens beschäftigt.

Das römische Recht ist eine Scheidekunst. Der Autor erzählt in diesem Buch die Geschichte eines ersten Rechts, nämlich desjenigen Roms. Rom ist ihm kein abgeschlossenes Kapitel, kein Zeitpunkt, kein Ort und kein Raum. Rom ist ihm ein technischer Vorgang. An Rom interessiert den Autor die Fertigkeit, nicht das historisch Abgeschlossene. Es gibt zwar zahlreichen Passagen, in denen Schulz vom klassischen Rom spricht und dann unter diesem Begriff etwas Besonderes ‚gerinnen' und stehen lässt. Generell beschreibt Schulz aber nicht die Lage oder die Epoche, den Sinn und Zweck, den Anfang und das Ende Roms, sondern dessen Technik, die er gleich am Anfang des Buches als „Scheidekunst" bezeichnet.[90] Schulz zitiert damit die eingangs schon erwähnte Formulierung aus Jherings Geist des römischen Rechts (eine Formulierung, die den Thesen rechtshistorischer Literatur nach sowohl mit Jherings vorübergehender Verortung in der Begriffsjurisprudenz als auch mit seiner Freundschaft zu dem Gießener Chemiker Justus Liebig zu tun habe[91]). Schulz schließt gleichzeitig an eine Übersetzungkette an, die vom Griechischen („téchnē") über das Lateinische („ars") bis hin zum Deutschen („Kunst") reicht. Scheidekünste sind in seiner Deutung „Isolierungen".[92] Und mit diesem zweiten Begriff („Isolierung"), mit dem er auch noch in einer

---

[90] *Schulz* (Fn. 88), S. 13.
[91] Ich danke Michael Stolleis für diesen Hinweis.
[92] *Schulz* (Fn. 88), S. 13 ff.

Mommsenschen Tradition steht[93], bezeichnet er das Kapitel, um das es mir im ersten Beispiel geht.

Exkurs: Die Formulierung von der „Scheidekunst" taucht also (im Anschluss an ältere Formulierungen wie das „Destillieren" und ältere Gedanken zur Trennung und Isolierung) um 1850 in Jherings Geist des römischen Rechts auf: „Zersetzung des Stoffes, Auffindung der einfachen Elemente, ist also der in der innersten Notwendigkeit der Sache selbst gelegene Weg zum Ziel. Es bewährt sich hier eine Bemerkung, die wir früher bei einer anderen Gelegenheit zu machen hatten, daß das Wesen des Rechts in Zersetzen, Scheiden, Trennen besteht. Die juristische Technik lässt sich nach dieser Seite hin als eine Chemie des Rechts bezeichnen, als die juristische Scheidekunst, welche die einfachen Körper sucht."[94]

„Seine Kunst ist Scheidekunst", heißt es einen Band später über den „jugendlichen Geist" des römischen Rechts in dem Kapitel über „Technik" und „Analytik"[95]. Jhering verweist an dieser Stelle nicht nur auf Ciceros „De Legibus", sondern auch auf die „mosaische Schöpfungsgeschichte". Wenn Schulz im Verlauf seiner weiteren Argumentation, ich komme gleich dazu, Rom mit den Vorsokratikern beginnen lässt, dann lässt Jhering den Geist Roms also mit dem mosaischen Mythos beginnen. Die Scheidekunst beschreibt er wiederum als „Zersetzung" und stellt dazu die medienhistorische These auf, dass „erst das Alphabet gefunden sein [musste], bevor man ans Lesen und Schreiben denken konnte!" Er richtet

---

[93] *Yan Thomas,* Mommsen et ‚L'Isolierung' Du Droit", Paris 1984.

[94] *Rudolf von Jhering,* Geist des römischen Rechts auf den verschiedenen Stufen seiner Entwicklung Bd. 2, Leipzig 1858, S. 361.

[95] *Von Jhering,* Geist des römischen Rechts auf den verschiedenen Stufen seiner Entwicklung Bd. 3, Leipzig 1865, S. 42.

einen Vorrang der Schrift vor dem Schreiben ein und erzählt damit seine Gründungsszene medialer Scheidekunst, deren Elemente wiederum *kleinste Elemente,* also Buchstaben sein sollen. Erst muss alles in Zeichen zerlegbar sein, bevor man nach Jhering überhaupt nur ans Lesen und Schreiben denken kann.

Man könnte auf die Idee kommen, Jhering habe mit seiner Formulierung eine metaphorische Bezeichnung gewählt und diese metaphorische Bezeichnung übertrage etwas von der Epistemologie der Chemie in die Epistemologie des Rechts. Man könnte also glauben, ‚Scheidekunst' sei ursprünglich ein naturwissenschaftlicher Begriff. Man darf aber nicht übersehen, dass schon die entsprechende Bezeichnung der Chemie etwas Metaphorisches hat, zumal etwas, das einen Juridismus in ihre Wissenschaft trägt. Hans Christian von Herrmann hat unter Rückgriff auf Michel Foucault, anhand der Geschichte der Accademia del Cimento sowie der Emblematik, herausgearbeitet, dass der Begriff der Scheidekunst in der Geschichte der Wahrheitsformen einen Übergang zwischen den Proben der Alchemie und den Untersuchungen bürokratischer Ordnungen kennzeichnet.[96] Schon im chemischen Begriff steckt Recht. Jherings Übertragung ist also eine Rückholung, eher regressiv als originell. Er nimmt eine historische Metapher beim Wort. Das Scheiden ist insofern aber auch nicht genuin rechtlich. Die Geschichte dieser Bezeichnung ist das Beispiel für einen Juridismus jenseits des Rechts und damit für eine Genealogie, die nicht genuin ist.

Fritz Schulz betont nun die Nähe zwischen den Scheidekünsten und den Isolierungen. Für ihn spielt

---

[96] *Hans-Christian von Herrmann,* Das Experiment als Scheidekunst. Zur Imprese der Florentiner Accademia del Cimento, in: Gamper et al. (Hg.), ‚Es ist nun einmal zum Versuch gekommen'. Experiment und Literatur I, 1580–1790, Göttingen 2009, S. 53–68 (62).

nicht die Probe, nicht die experimentelle Herausforderung einer Entscheidung, nicht die Untersuchung eine Rolle. An der Nähe zwischen dem Scheiden und dem Isolieren interessiert ihn das Grundlegende. Beide Begriffe stehen bei Fritz Schulz in einem Zusammenhang mit den Gründungen und Begründungen römischen Rechts. Die isolierenden Scheidekünste geben dem römischen Recht einen Grund und machen es prinzipiell, machen also, dass dieses Recht Prinzipien hat. Sie machen aus irgendeinem beliebigen Recht ein besonderes, römisches Recht. Die isolierenden Künste arbeiten also an den Prinzipien dieses Rechts mit. Sie schirmen das Recht ab. Anders gesagt: Sie geben diesem Recht einen Schirm.

Das Scheiden schafft Autonomie und es ist poetisch, aber nicht nur das. Man könnte die Scheidekunst und die Isolierung auf das beziehen, was in der Rechtswissenschaft ganz allgemein als Begründung ihrer Autonomie und bei Niklas Luhmann noch einmal spezieller als Ausdifferenzierung des Rechts beschrieben wird.[97] Immerhin wird das römische Recht in einer ganzen Reihe historischer Arbeiten auch als ein frühes, historisches Beispiel solcher Autonomien und Ausdifferenzierungen beschrieben. Allgemein könnte man darunter also auch einen Umgang mit Worten verstehen, der die „semantische Macht" des Rechts rationalisieren, technisieren, instrumentalisieren und sichern soll. Die Begriffe sollten in der Hand

---

[97] *Niklas Luhmann,* Ausdifferenzierung des Rechtssystems, in: Ausdifferenzierung des Rechts. Beiträge zur Rechtssoziologie und Rechtstheorie, Frankfurt am Main 1999, S. 35–52.

der Juristen liegen, bleiben und vor dem Zugriff der Politiker, Manager, Moralapostel und Theologen gesichert werden. Das Hauptmittel dazu sollte die saubere Definition und Begriffsarbeit sein. Die Idee der Autonomie lebt insofern auch von der stabilen Unterscheidbarkeit von Mitteln und Zwecken. Da ist es nicht nur verständlich, sondern auch rational, dass Juristen das Sprechen über das Recht monopolisieren und beherrschen wollen. Luhmann wiederum, der die Idee der Autonomie zu einer Idee der Autopoiesis weitergedacht hat, sieht, mit spezifischeren Vorannahmen, einen Zusammenhang zwischen der Ausdifferenzierung von Systemgrenzen einerseits und „system*eigenen* Elementen [Hervorhebung, im Original, FS]" andererseits.[98] Das ist bei ihm wiederum Teil einer Codierung juristischer Kommunikation. Das Problem der allgemeinen Annahmen über Autonomie und Medialität ist, dass die Juristen aus einer kulturtechnischen Sicht der Sprache nicht Herr werden, so sehr sie sich auch darum bemühen. Nicht nur das Andere anders sprechen, die Juristen sprechen auch selbst unterschiedlich. Das Sprechen wiederum ist selbstlos und eigenartig, schon darum verfügt kein Subjekt über ein ‚auto' des Sprechens. Auch die Abschichtung zwischen Mitteln und Zwecken bleibt in den Zusammenhängen zwischen Autonomie und Medialität instabil. Das besondere Problem bei Luhmanns Annahmen ist, dass die Codierung des Rechts von ihm noch als ‚funktional' und ‚exklusiv' verstanden wird. Mit der Ausdifferenzierung soll das Recht

---

[98] *Niklas Luhmann,* Das Recht der Gesellschaft, Frankfurt am Main 1993, S. 43.

also eine Funktion erfüllen, die nur das Recht erfüllen kann. Damit wird das Systemeigene bei ihm zugleich zu einer Art Systemkompetenz. Liest man die Passagen von Fritz Schulz, dann muss man sowohl im Hinblick auf die allgemeinen Annahmen zur Autonomie als auch im Hinblick auf Luhmanns Theorie eher etwas anderes unter der Scheidekunst und der Isolierung verstehen. In der Schilderung von Fritz Schulz bringen beide etwas, was nicht in der Beherrschbarkeit, Funktionalisierbarkeit und einer exklusiven Kompetenz von Kommunikation aufgeht. Scheidekünste erzeugen eine Eigenheit, die dem Subjekt und Grund dieser Eigenheit verschlossen bleibt, weil sie bei aller Brüchigkeit eine apodiktische Gewissheit erzeugen. Eine solche Gewissheit ist eben nicht nur gewiss, sondern auch apodiktisch.

Das Scheiden rührt aus einem Mangel der Ausdifferenzierung. Fritz Schulz' Darstellung lässt sich nicht als ungebrochene Wiedergabe des Mythos von den autonomen Instrumenten des Rechts verstehen. So ohne weiteres passt seine Schilderung weder unter den Begriff der Autonomie noch unter den Begriff der Autopoiesis. Schulz spricht im Verlauf des Kapitels nämlich auch von einer „Sonderung".[99] Er führt also noch einen dritten Begriff ein: Scheidekünste sind Isolierungen sind Sonderungen. Wieso entzieht sich eine solche Sonderung der autonomen Instrumentalisierung und der autopoietischen Funktionalisierung? Rom ist nicht nur das Subjekt, sondern auch das Objekt der Sonderung, weil diese Sonderung den Unterschied zwischen Subjekt und Objekt über-

---

[99] *Schulz* (Fn. 88), S. 14.

springt. Rom scheidet sich nämlich von anderen Rechten, weil es scheidet. Sprich: Es scheidet, wird und ist geschieden. Es isoliert und ist isoliert. An ihm wird vollzogen, was es vollzieht. Römisches Recht sondert, es ist sonderbar, gesondert und schließlich ein Sonderling. So wird also der Unterschied zwischen Subjekt und Objekt übersprungen. Rom ist in diesem Sinne nicht bloß als technischer Vorgang zu betrachten, sondern auch als ein Medium, zumindest wenn man unter Medium, wie in manchen indogermanischen Sprachen, jenen grammatikalischen Genus versteht, der zwischen Aktiv und Passiv steht. In dieser Position und im Vergleich zu historischen Subjekten erscheint Rom in Bezug auf seine Passivität wie ein Quasisubjekt. Im Vergleich zu historischen Objekten erscheint Rom wegen seiner Aktivität wie ein Quasiobjekt. Schulz spricht in dem Text zwar verschiedene Subjekte des Rechts an, „Juristen", „Römer" und den „klassischen römischen Juristen". Sie erscheinen aber weder als monumentale Subjekte noch als verfügbare Objekte, sondern als Elemente einer Praxis, die schon älter ist als die Personen, Dinge und Aktionen, die von ihr hervorgebracht werden. Die, von denen Schulz spricht ohne Namen zu nennen, setzen das römische Recht nicht in Gang. Sie können mit diesem Recht nichts anfangen, weil der Anfang des römischen Rechts schon längst hinter ihnen liegt. Sie können nicht souverän über das römische Recht verfügen. Das römische Recht ist darum nicht nur grundlegend isoliert. Die Isolierung liegt auch am Grund dieses Rechts. Das römische Recht ist auch noch sich selbst gegenüber isoliert. Sein eigener Grund bleibt ihm unberührbar und verschlossen. Es ist nicht nur eigen, sondern auch sich selbst gegenüber eigen. Aus allen diesen Gründen entzieht sich die Sonderung einer autonomen Instrumentalisierung. Rom lässt sich auch nicht souverän handhaben. Die Prinzipien Roms hängen insofern an einem Mangel der Autonomie oder, systemtheoretisch gesprochen, an einem Mangel der Autopoiesis. Man kann darin eine Aporie sehen. Zu der gibt es aber Passagen.

Das Scheiden hängt an einem Vorgang, der aus Aporien Passagen macht. Für den Mangel liefert Schulz zwar keinen Begriff. Man könnte auf die Idee kommen, er wisse davon gar nichts. Was begriffen wird, unterscheidet sich aber davon, wie und mit welcher Hilfe begriffen wird. Bei Schulz ist dieser Behelf zuerst das Schreiben, und in dem Schreiben wird dieser Mangel ganz deutlich und scharf konturiert. Ich komme damit endlich zur Kulturtechnik des Schreibens. Wegen des Mangels der Autonomie und unter den kulturtechnischen Bedingungen des Schreibens ist es kein Wunder, dass Schulz' Ausführungen zur Isolierung des römischen Rechts mit einem Satz beginnen, der in Gänsefüßchen gestellt ist. Schulz schreibt über die Isolierungen zuerst so, als ob er zitieren würde. Er legt in dem Buch also eine Schreibszene an, in der zuerst ein anderer sprechen soll. Er begreift diese Schreibszene vielleicht nicht als Teil der Isolierung, er nutzt sie aber. Diese Inszenierung ist insofern der implizite Teil seiner Technik, die Worte zu isolieren. Was Schulz unter Isolierung begreift, nämlich den Grund für die Autonomie des römischen Rechts, ist bei ihm ein Gründungsmythos, der sich dank der Art und Weise, wie er schreibt, erhält. Was er begreift, ist darum auch unterschieden von dem, wie er begreift. Anders formuliert: Die Autonomie des römischen Rechts braucht etwas anderes als römisches Recht, um sich zu erhalten. Sie ist abgeschirmt. Schulz schreibt im ersten Satz des Kapitels über die Isolierungen also:

„Ursprünglich war alles zusammen, da kam der Geist, schied und schuf Ordnung."[100]

Schon im Original von 1934 steht dieser Satz in Anführungszeichen, ich zitiere also noch die Gänsefüßchen. Ich sagte, Schulz würde schreiben, als ob er zitieren würde und ich meine damit, dass er mit diesem ‚Zitat' einen Autor aufruft, der nie einen deutschen Satz geschrieben hat. Dieser Satz ist ein Pseudozitat, er ist Teil einer Schreibszene. Der Leser findet zu dem deutschen Satz zwar eine Fußnote und sie verweist auf Hermann Diels' Fragmente der Vorsokratiker, aber von Hermann Diels stammt dieser Satz nicht. Dieser Satz soll angeblich der erste Satz des Anaxagoras gewesen sein, darum die Gänsefüßchen und die Fußnoten. Der erste Satz des Kapitels über die Isolierungen stammt also scheinbar nicht nur nicht von Schulz. Er stammt auch ganz bestimmt nicht aus Rom. Angeblich hat ein Dritter ihn geschrieben und der heißt in diesem Fall Anaxagoras (das ist nach Diels der ‚letzte' Vorsokratiker). Eine lateinische Übersetzung dieses Satzes fehlt sogar. Sie ist aus der römischen Rechtsliteratur nicht überliefert. Roms Juristen hatten vielleicht anderes zu tun als Anaxagoras zu übersetzen. Man kann darum über diesen Satz sagen, was Hegel in seiner Ästhetik über die Hieroglyphen sagte. Die Rätsel der alten Ägypter sol-

---

[100] *Schulz* (Fn. 88), S. 13.

len ihnen selbst ein Rätsel gewesen sein. Die Prinzipien der Römer waren den Römern in diesem Sinne selbst fremd. Dieser Satz zumindest ist ein Extra. Wenn der Satz ein Prinzip setzt, dann setzt er über, als wolle er sich wie der erste getilgte und ausgeschiedene Doppelgänger Roms, wie Remulus, verhalten. In Rom wäre dieser Satz Fremdsprache. Die Übersetzung ist dann wiederum das, was der Scheidungstheoretiker Carl Schmitt einmal ein „eigenes Sekret" genannt hat.[101] Bevor der Begriff der Entscheidung bei ihm so wichtig wurde, taucht im Kontext seiner Theorie von dem Verhältnis zwischen Gesetz und Urteil die Rede vom Sekret und insofern eher die Figur der Ausscheidung auf.

Exkurs: Schmitt meinte damit, dass die urteilende Tätigkeit des Richters nicht einfach das Gesetz wiedergibt. Richter schreiben nicht einfach Gesetze ab, wenn sie Urteile schreiben, und sie (die unvermeidliche Wiederholung eines alten und verkürzten Motives vom Montesquieu taucht bei ihm auf) seien nicht der Mund des Gesetzes. In diesem Kontext schließt Schmitt aber nicht nur an das altehrwürdige und reine Sprechorgan, den Mund, an. Er kommt auch aufs Gesäß. Schmitts Figur vom „eigenen Sekret" reichert die Justiztheorie und die Kritik am Gesetz noch einmal provokativ um Assoziationen zur *Ausscheidung* an: Was Richter schreiben, das ist vom Gesetz ausgesondert, es ist eigen. Damit schreibt Schmitt das Narrativ von der juristischen Autonomie nicht so ohne weiteres fort. Was geschrieben wird, ist auch geheimnis-

---

[101] *Carl Schmitt,* Gesetz und Urteil (1912), München 2009, S. 34. Zur Figur des Sekrets weiter *Manfred Schneider,* Leporellos Amt. Das Sekretariat der Sekrete, in: Vogl/Siegert (Hg.), Europa. Kultur der Sekretäre, Berlin 2009, S. 147–162.

voll. Schmitt gibt der Kritik sogar noch etwas kopflos Frivoles mit, weil er die Figur des eigenen Sekrets hier nicht in die Tradition des Arkanen, seiner Selbstkontrollen und gesicherten Zirkel stellt. Seine Figur ist auch mit Ausscheidungen, Verdauungen, Fermentierungen, Speichel und Drüsen des Richters assoziierbar. Das eigene Sekret ist weder herrlich noch herrschaftlich, zumindest klingt die Formulierung nicht danach. Was Sekrete produziert gehört nicht nur zum unbewussten, routinierten, verschämten oder frivolen Teil eines juristischen Organs. Es überschreitet in der Produktion sogar das Organische zum Anorganischen. Man kann es nur mit archäologischen Zügen rekonstruieren. Das Eigene des Rechts spielt sich insofern vielleicht innerhalb einer Idee der Autonomie ab. Innerhalb dieser Idee, ihrem Maß und ihren Grenzen hält Schmitt zumindest mit der Figur des eigenen Sekrets aber das Maß- und Grundlose des Urteilens fest. Die Figur zielt auf Exzesse, die mit und innerhalb der hochgelobten „Scheidekünste" des Rechts mitlaufen. Schmitt lässt die Figur in seinem Text allerdings gleich wieder fallen, um dann doch das Autochthone der Praxis zu betonen, also eine heimische, gründliche und geerdete Selbstständigkeit. In die Methode oder auf den Trottoir dieser praktischen Autochthonie passt so eine Ausscheidung wie das Sekret nicht gut hin, zumindest, wenn man die Ironie des Ganzen meiden möchte. In der zeitgenössischen Literatur hat Vladimir Sorokin mit „Norma" eine derbe Satire der Normativität von eigenen Sekreten geliefert.[102]

Die Übersetzung von Fritz Schulz ist sein eigenes Sekret. In Diels' Edition der vorsokratischen Fragmente findet man keine deutschen Sätze. Diels hat die Fragmente altgriechisch ediert, um das Griechische zu bewahren. Der deutsche Satz ist Schulz' eigene Übersetzung, sein Sekret. In ihm wird etwas ge-

---

[102] *Vladimir Sorokin,* Norma (1994), Köln 1999.

heimnisvoll gehalten und etwas wird ausgeschieden. Dieser deutsche Satz ist kein Produkt vorsokratischer Köpfe. In der schon erwähnten Fußnote schreibt der Autor zwar noch einen griechischen Satz aus Diels' Fragmentsammlung ab, und zwar eben einen Satz, den er oben gerade übersetzt haben will:

„πάντα χρήματα ἦν ὁμοῦ εἶτα νοῦς ἐλθὼμ αὐτὰ διεκόσμησεν."[103]

Dem deutschen Satz wird ein griechischer Satz visuell unterstellt, historisch aber vorgeordnet. Es bleibt nicht bei dieser Zusammensetzung. Das ist nämlich tatsächlich *ein* Satz, nicht *der* Satz. Als Quelle gibt Schulz in dieser Fußnote zwei (auseinanderliegende) Seiten aus Hermann Diels' Edition der Vorsokratiker an: Seite 375 und 386. Diogenes, den man in der von Schulz verwendeten Auflage von 1922 auf Seite 375 findet, und Aristoteles, den man auf Seite 386 findet, haben den ersten Satz des Anaxagoras unterschiedlich überliefert. Es gibt mindestens noch einen dritten Satz, der nicht abgeschrieben wurde. Scheidekünste, Isolierungen und Sonderungen: Ich habe schon darauf hingewiesen, dass Schulz die Techniken im Kontext von Begründungen thematisiert und dass es bei ihnen auch darum geht, etwas zu unterlegen. Der abgeschriebene Satz und seine Übersetzung scheiden und unterlegen die These, dass das römische Recht Prinzipien hat. Insofern bilden zwei Sätze *einen* Gründungssatz, und das zeichnet eine Unterscheidung in den Text ein. Jeder ersten und gründenden Unterscheidung wohnt auch eine Unterschlagung inne. Erste Unterscheidungen sind suggestiv. Sie entfalten sich,

---

[103] *Schulz* (Fn. 88), S. 13.

wenn sie dem Leser mit einer bedeckten Geste etwas unterschieben. Schulz unterschlägt und unterschiebt einiges. Das eigene Sekret kommt darum, wie seit der Verbindung aus Glosse und Buchdruck üblich, mit untergründigen Fußnoten daher. Nicht nur, dass sich am Grunde Roms griechische Fußnoten finden. Zu Anaxagoras' ersten Satz gibt es, wie bereits erwähnt, auch noch alternative Überlieferungen. Seite 375 und 386 liegen recht weit auseinander. Wenn Schulz beide als Quelle angibt, dann hat das damit zu tun, dass er zwar einen Satz von Seite 375 abschreibt, aber nicht übersetzt. Den Satz von Seite 386 übersetzt er, schreibt ihn aber nicht ab. Schulz schreibt also Diogenes ab, nicht Aristoteles. Er übersetzt Aristoteles, nicht Diogenes. Diogenes schreibt die Version, die Schulz in seinen Fußnoten abschreibt. Aristoteles aber schreibt:

„ὁμοῦ πάντα χρήματα ἦν, νοῦς δὲ αὐτὰ διέκρινε καὶ διεκόσμησε"[104]

Die Unterschiede zwischen den beiden überlieferten Versionen stecken zwar im Detail. Man könnte sie klein nennen. Aber immerhin stecken im Detail, je nach Theorie, der liebe Gott (so Aby Warburg) oder der Teufel (so der Volksmund).[105] Vor allem aber

---

[104] Aristoteles liefert im ersten Teil eine andere Wortfolge, die mit dem Gesammelten oder Gleichen anfängt. Er wählt dann noch im zweiten Teil (ähnlich wie Schulz) zwei Verben, vielleicht um einerseits die schneidende Auseinandersetzung und andererseits die Vollständigkeit des Ordnens zu betonen.

[105] Noch einmal komplexer wird der Sinn durch das, was Diogenes weiter an Aussagen über Anaxagoras überliefert. Sie machen sich wie eine mögliche Verkehrung von Anaxagoras' Scheidung aus, wenn sie in den Über-

wurde dieser Satz verkehrt, als er in jener Welt zirkulierte, in der auch Anaxagoras, Aristoteles und Diogenes verkehrten. Der Grund des Satzes zirkuliert, als könne er nicht stillhalten. Einen Satz abzuschreiben, zu übersetzen, mit einer Fußnote zu unterlegen und die Variationen zu unterschlagen bringt dann einen primären Effekt: Der Satz ist dann so scharf gezeichnet, als ob er stünde.

Das Scheiden lässt einen Rest. Die Systemtheorie hat in vergleichbarem Kontext einmal von der „Form" gesprochen und beides auf ein Kalkül des englischen Mathematikers George Spencer Brown bezogen.[106] Die Form, die ja auch einen Satz auszeichnet, lebe angeblich davon, eine Unterscheidung einzuzeichnen, mit der die Außenseite der Form schon deswegen weiter mitlaufe, weil sie eingeführt würde. Der Rückgriff auf ein mathematisches Kalkül betont die Funktionalisier- und Instrumentalisierbarkeit der Form. Ich möchte hingegen auf einen Rest hinaus, der sich beidem entzieht, aber gerade darum Interpretation verlangt, und zwar unerbittlich. Die Feststellung eines Satzes ist schließlich nur eine Seite des Vorgangs, die andere ist der Umstand, dass Satz einen Untergrund

---

setzungen betonen, dass Anaxagoras' eigener Geist „zueinander ordnete", was zuerst zerstreut war: „καί που Ἀναξαγόρην φάσ' ἔμμεναι ἄλκιμον ἥρω Νοῦν, ὅτι δὴ νόος αὐτῷ, ὃς ἐξαπίνης ἐπεγείρας πάντα συνεσφήκωσεν ὁμοῦ τεταραγμένα πρόσθεν/Von Anaxagoras heißt es: er war ein wehrhafter Heros, Geist mit Namen; denn Geist besaß er, der alles auf einmal ordnete zueinander, was vorher wirr und zerstreut war.", *Anaxagoras* VS 59 A1/*Diogenes* 2, 6–15.
[106] *Dirk Baecker,* Form und Formen der Kommunikation, Frankfurt am Main 2005.

erhält, der eben nicht festgestellt ist. Ich möchte also nicht auf die Form, sondern auf die Montage hinaus. In dem ersten Satz steckt nämlich ein Rest, der seinen Interpreten nichts schuldet, während sie ihm alles schulden. Dieser Rest ist ein Mangel der Form, der nur in der Montage fassbar ist. Der Satz, den Schulz schreibt und für den eine lateinische Version fehlt, hat einen Mangel, mit dem der Satz selbst gar kein Problem hat. Der Leser hat damit ein Problem. Wenn man so will ist dieser Rest nicht nur der Mangel der Scheidekunst, er ist auch der Mangel jeder Ausdifferenzierung. Was ist das für ein Rest? Schulz, der eine jüdische Mutter und einen protestantischen Vater hatte, übersetzt den Satz des Anaxagoras beinahe wie eine Variation von Luthers erstem Satz aus dem ersten Buch Mose. Jhering hatte den Begriff der Scheidekunst unter anderem mit einem Rückgriff auf den mosaischen Mythos erklärt. Bei Schulz deutet etwas darauf hin, dass er mit seiner Übersetzung ebenfalls einen Bezug zum Buche Mose herstellt, auch wenn das nur die Färbung seiner Übersetzung ist. Sie scheint etwas von einem monotheistischen, jüdisch-christlichen Schöpfungs- und Produktivitätsgedanken mitbekommen zu haben. Woher kommt etwa das Wort „Ursprünglich", für das man zwischen den griechischen Worten keine Entsprechung findet? Und woher kommt das Verb „schuf", für das man im griechischen Satz ebenfalls vergeblich nach einem entsprechenden Verb sucht? Luther schreibt „Am Anfang schuff [so im Original, FS]". Schulz schreibt „Ursprünglich [...] und schuf [...]". Er reformuliert quasi einen mosaisch-lutherischen Einsatz und legt nahe, dass es in dem Satz auch um ein schöpferisches

Subjekt und dessen Ordnungskraft geht. Wieso sagt Schulz im ersten Teil „alles", obwohl in den Fußnoten nicht ein Wort, sondern zwei Worte stehen, nämlich πάντα χρήματα? Die χρήματα sind etwas Besonderes, nämlich ‚Dinge', in denen auch etwas Fremdes und Begehrenswertes, etwas Angehäuftes oder ein Schatz stecken kann. Bei Aristoteles werden sie sogar zum Namensgeber der Chrematistik, jener Technik zur Anhäufung von Schätzen, die über die Ökonomik hinausgeht. Wenn Schulz im ersten Teil aus zwei Wörtern eins macht, wieso macht er dann im zweiten Teil aus einem Verb zwei? Wieso macht Schulz aus dem einen Verb διεκόσμησεν zwei: „schied und schuf"? Und wieso spricht er, fast schon personifiziert, vom „Geist", wenn das Wort νοῦς so abstrakt ist, dass es auch ‚das Erfassende' oder die Potenz meinen könnte? In der Übersetzung, insbesondere seiner Wahl der Verben und seiner Wortstellung, orientiert sich Schulz allem Anschein nach an der Version des Satzes, die Aristoteles überlieferte und in der es in dem letzten Teil des Satzes auch schon zwei Verben gab. Für alles gibt es Gründe. Die Übersetzung hängt vielleicht an einer Deutung, in der nach einer ‚naturhistorischen' Sicht die Dinge zuerst eins waren und dann entzweit wurden. Schulz wird für seine Deutung auf jeden Fall Gründe gehabt haben, auch wenn Vater, Mutter, Luther, Moses, Aristoteles und Naturgeschichte niemals restlos erklären können, wie diese Übersetzung zustande kam. Anders herum gesagt: Es bleibt immer ein Rest im Satz. Anaxagoras und sein Satz wissen von den Übersetzungsgründen vielleicht am wenigsten. Die Gründe des Übersetzers verhalten sich zu Anaxagoras, wie eine Tafel zu dem, der von ihr abschreibt: Sie bleiben unberührt. Darin liegt wohl gerade ein Faktor der Scheidekunst. Die Übersetzung könnte also ganz anders lauten, weniger ursprungsfixiert, weniger allgemein, weniger subjektiviert, weniger schöpferisch, weniger ordentlich und weniger modern. Ich selbst bin mit der Sprache alles andere als vertraut, mir ist sie fremd und ich bin nicht einmal ermächtigt, griechisch zu sprechen. Für mich ist der erste Satz des Anaxagoras eigen, ohne mir eigen zu sein. Wenn ich Thesauren, Wörterbücher und Grammatiken nicht nur der eigenen Sprache, sondern z. B. auch englische, russische und französische durchgehe, wenn ich also diesen Satz tatsächlich als Satz einer Fremdsprache und in gewisser Hinsicht kopflos übersetze, dann kann er auch so lauten, ohne dass das am griechischen Satz etwas ändern würde:

> Die ganzen Dinge waren gleich, dann ist die Potenz gekommen, sie selbst zu durchmustern.

Ja wie letztendlich muss die Übersetzung dann lauten? Auf letzte Fragen kommt es Juristen auch dann nicht an, wenn sie erste Sätze abschreiben. Das macht sie zu so geschickten Übersetzern. Schulz brauchte nämlich nicht mehr und nicht weniger als einen scharfen Satz. Die Sätze müssen so scharf gezeichnet werden, als ob sie stünden. Warum? Was übersetzt wird, muss auch überstellt werden. Das Begehren der Interpretation kann nicht gestillt werden. Es braucht aber eine Stelle, an der es sich festmachen kann, um einen normativen Effekt zu entwickeln. Der erste Satz ist also gestellt, er ist eine Montage. Man muss darum noch etwas ergänzen: Scheidekünste sind Isolierungen sind Sonderungen sind Montagen. Der Satz ist nicht nur geschickt formuliert. Er ist prinzipiell geschickt, weil er das Ergebnis von Übersetzungen und Überstellungen ist, die allein schon im Vorgang der Zeichnung scharf gestellt werden. Wie immer so ein erster Satz zu lauten hätte: Es bleibt dabei, dass die darauf aufsitzende Ordnung eine Auseinandersetzung ist, in der die Zwischenabstände der Dinge und Worte im Ordnungsvorgang größer und kleiner werden. In ihr liegen Distraktionen oder Kontraktionen. Darin werden die Schnitte tiefer und oberflächlicher. Etwas im Vorgang trennt und heilt. Das Scheiden kann nicht geleugnet werden kann, es ist aber auch nicht selbstgenügsam, weil alles das stattfindet, simultan. Wenn Schulz nahelegt, dass Scheidekünste Isolierungen seien, dann ist das Recht isoliert, weil es diskret und verschwiegen wurde, sein eigenes Sekret bewahrte und das auch noch mit der ganzen Deutlichkeit, die dieses Recht mit seinen isolierten Worten und mit seinen scharfen Sätzen schafft.

Graphologische Vorgänge sind Montagen. Abschreiben, Übersetzen, Gänsefüßchen und Fußnoten setzen: Schulz vollzog einen mehrschichtigen, aufgefächerten, graphologischen und textuellen Vorgang. Nicht alles davon ist Schrift. Die Gänsefüßchen sind eine Mischform, weil sie Bedeutung geben und nehmen, aber selbst keine haben. Die schwarze Linie, die den Text von seinen Fußnoten trennt, ist schon purer, sprachfreier Graphismus. In den Schichten gibt es einen zentralen Schnitt, nämlich denjenigen zwischen Schulz' eigenem Text und seinem Fußnotenapparat. Mit ihm wird es überhaupt sinnvoll, von einem Apparat zu sprechen. Er ist so etwas wie eine zentrale Scheide, und sie wirkt hier auch als Falte oder Saum im Text. Die Scheide, mit der ein Text von seinem Fußnotenapparat abgetrennt wird, hat erst im Zeitalter des Buchdrucks seine gegenwärtige Architektur gefunden, die fast ausnahmslos zwischen oben und unten unterscheidet. Sie scheidet regelmäßig die großen Buchstaben des Textes von den kleinen Buchstaben des Fußnotenapparates. Sie scheidet also zwischen eigener und gegenwärtiger Schrift einerseits sowie fremder und entfernterer Schrift andererseits. Über diese schon lange institutionalisierte, graphologische Scheidekunst ist ein Rechtstext auch mit den Techniken und dem *apparatus* der Glossatoren verbunden, deren textuelle Operationen darin bestanden, eigene Texte zu und an anderen Texten zu schreiben. Das ist eine Scheide, die fesselt. Sie sorgt sowohl für die Gegenwart des einen als auch für die Entfernung des anderen Textes, für den Unterschied zwischen dem Einen und dem Anderen, und sie fabriziert Normativität. So kommen die Sätze aus der Entfernung. Die Form des Kommentars treibt diese Technik auf die Spitze. Diese Scheidekunst kommt aber eben auch in Monographien wie derjenigen von Schulz vor. Selbst Monographien sind stereographisch, d. h. dank eines gespaltenen Textes verfasst, zumindest wenn sie normative Effekte haben sollen. Juristische Texte werden regelmäßig auf diese Art und Weise versäumt, also einerseits vernäht und anderseits so reproduziert, als erschienen sie aus der Entfernung. Mit dieser Faltoperation erhält der Text seine Oberseite und seine Unterseite, seinen Vordergrund und seinen Untergrund. Schulz gab eine „Schreibstunde", weil er auf diese Weise lehrte, wie plastisch das Recht schreibt, wenn es Worte isoliert.[107] Er selbst merkte dazu nüchtern an, dass „die Rechtswissenschaft die Scheidekunst nicht entbehren" könne, wenn sie „mehr als Beschreibungen bieten" wolle.[108] Die Scheidekunst ist unentbehrlich, um im Schreiben über das Schreiben hinauszuschießen. Sie fabriziert Normativität. Der Text muss geschnitten werden, um fortsetzbar zu werden. Er muss gefaltet werden, um überlegen zu sein. Der Schulz verweist hier auf etwas, das man mit Stefanie Günthner die „Magisfunktion" juristischen Schreibens nennen kann.[109] Wenn man Worte schreibt, um sie zu isolieren, dann schreibt man solche Worte, die mehr als beschreiben. Isolierte Worte sind mehr als Beschreibungen, es sind „Mehrschreibungen", wie Stefanie Günthner einmal gesagt hat. Auf den ersten Blick mag es verwundern, dass ausgerechnet Schulz so magisch schreibt, er ist ja nur der Schulz. Auf den zweiten Blick sind es aber gerade die niederen Agenten – wieder in Anlehnung an Stefanie Günthner: die „Minusagenten" – die eine Magisfunktion ausführen. Ein Untergrund ist immer noch der kräftigste Grund. Schulz verhält sich insofern zu Anaxagoras wie die Verwaltung zum Gesetzgeber. Der Schultheiß verwaltet die Worte der Autorität, er setzt sie nicht. Den Satz zu stellen heißt also auch, unter ihm jenen (Spiel-)Raum einzurichten, in dem das eigene Sekret produziert, reproduziert und bewahrt werden kann.

---

[107] *Claude Lévi-Strauss,* Traurige Tropen, Frankfurt am Main 1978, S. 288–300.

[108] *Schulz* (Fn. 88), S. 14.

[109] Ich beziehe mich auf Stefanie Günthners laufendes Projekt „Magis und Minus", eine Untersuchung zur Poetik der Urteilsverfassung.

Montagen stellen das Recht. Wie lautet das Fazit zu dem ersten Beispiel? Scheiden, indem man Worte isoliert. Isolieren, indem man sondert. Sondern, indem man montiert, das alles heißt: Scheiden um zu fesseln. Schulz führt 1934 vor, dass damit ein Vorgang am Laufen gehalten wird, mit dem nicht nur Sätze so stehen, als ob sie stünden. Er führt auch vor, dass sich ausgerechnet unter dem diskreten und manifesten Gesetz eine frivole Fortsetzung in nicht-manifesten Gesetzen des Schreibens vollzieht. Dort produziert das Recht seine eigenen Sekrete. Die Technik der Montage ist Fiktion, also etwas, das die Unterscheidung zwischen Produktion und Reproduktion unterläuft. Schulz ist ihr geschickter fictor, mithin ein geschickter Sekretär und Schreiber des römischen Rechts. So legt er ein fesselndes römisches Recht aus. So wird die Autonomie des römischen Rechts haltbar, als abgeschirmter Gründungsmythos. Er führt schließlich vor, wie das Recht, wenn es scheidet, sich gleich mitausscheidet.

2.

Schulz ist ein fictor. Rom, so ist es nicht eigentlich gewesen. Was Schulz erzählt, ist eine historiographische Passage, die Rom in eine Fassung bringt, die Rom sonst nicht hätte. Wer weiß, welcher Römer tatsächlich von Anaxagoras wusste und sich an vorsokratische Tipps hielt. Einige, andere aber nicht. So ist Rom eigentlich nicht, aber symbolisch durchaus gewesen. „Einen Anfang haben wollen und ihn in Griechenland finden", das sei die „Existenzbedingung Roms" gewesen, hat Cornelia Vismann über dieses

Symbol geschrieben.[110] Was ist Schulz' Scheiden dann eigentlich: eine Entscheidung, eine Ausscheidung, ein Abschied oder eine Unterscheidung? Der Witz ist, dass man das im Hinblick auf die Montage des römischen Rechts nicht einseitig festlegen kann. Das Scheiden lässt sich nicht auf einen einzelnen Punkt seiner spannungsreichen Dimensionen bringen, obwohl man seine Präzision nicht leugnen kann. Schulz schreibt scharf, aber nicht platt. Man kann weder festlegen, ob es sich bei den Passagen über das ‚vorsokratische Rom' um bewusste Subversionen oder unbewusste Subversionen handelte. Man kann also auch nicht festlegen, ob Schulz diese Sätze von einer Position aus schrieb, die sich innerhalb oder außerhalb der römischen Grenzen verstand. Wenn Fritz Schulz schon so deutlich mit der neuen Rechtswissenschaft in Deutschland konfrontiert war, war dann der Versuch, die Prinzipien des römischen Rechts als zuverlässige Sonderungen einer Nation zu erklären und einem deutschen Leser ans Herz zu legen, eher die Gewissheit eines Wissenschaftlers, der sich noch zur Nation bekennen möchte, oder war dieser Versuch ein nomadischer und bodenloser Witz der Alienation? In dem Kapitel über die Nation versucht sich Fritz Schulz sogar an dem Beweis, dass das römische Recht ganz unverfremdet vorgekommen sei:[111] Für die Klassik seien nämlich keine griechischen Einflüsse nachweisbar. Dabei verwendet Schulz den Begriff der Klassik nicht nur als Begriff für eine histo-

---

[110] *Cornelia Vismann,* Arché, Archiv, Gesetzesherrschaft, in: Das Recht und seine Mittel, Frankfurt 2012, S. 188–206 (190).
[111] *Schulz* (Fn. 88), S. 74–94.

rische Phase, sondern geradezu als Begriff für einen überhistorischen Prozess, in dem das römische Recht selbstbewusst und rein zu sich kam. Schulz zitiert an dieser Stelle wieder jemanden, diesmal aber keinen Vorsokratiker, sondern aus einer Rede des Rechtshistorikers (und damit eines seiner Lehrer) Emil Seckel:

„Die römische Rechtsentwicklung verlief in der Hauptsache national, durch Rezeptionen fremden Stoffes und fremder Gedanken wenig gestört."[112]

Die Passage stammt aus dessen Rektoratsrede, einer Gattung, die scheinbar zu einer Art narzisstischem Exzess der Selbstbehauptungen einlädt, als müsse ein Rektor versprechen, alles Selbst zu schützen und vor dem Fremden, der Entfremdung und der Verfremdung zu bewahren. Schulz zitiert also diese Passage über den römischen Nationalismus. Im Hinblick auf seinen vorsokratischen und kleinasiatischen Anfang über die Isolation ist das eher widerspruchsvoll. Schulz schreibt dann auch noch über das „römisch-italienische Nationalgefühl" und das „kräftige Bewußtsein juristischer Überlegenheit". Im Kapitel über die Isolierung hatte er in Bezug auf ästhetische Kategorien und das Gefühl noch Heinrich Wölfflins „Italien und das deutsche Formgefühl" zitiert. Das ist ein Buch, das zwar auch zur Nationalpsychologie tendiert, in dem aber immerhin so schöne subversive Bemerkungen vorkommen wie die, dass sich der Unterschied zwischen Deutschland und Italien in Deutschland und in Italien finden würde: „[B]eiderseits kommt beides

---

[112] *Schulz* (Fn. 88), S. 85 mit Verweis auf *Emil Seckel,* Das römische Recht und seine Wissenschaft im Wandel der Jahrhunderte, Berlin 1920, S. 8.

vor", heißt es dort gewitzt über das Ungenügen eines „Auseinanderspalten[s] der nationalen Sondercharaktere".[113] In gewisser Hinsicht entspricht also der Rückgriff auf den Kunsthistoriker noch dem Vorgehen, Rom mit den griechischen Vorsokratikern beginnen zu lassen. Im Kapitel über die Nation argumentiert Schulz aber gleichzeitig reiner und gespaltener, also viel zensierter als Wölfflin es tut. Das römische Recht wahre gegenüber dem griechisch-hellenistischen „entschieden seine Selbstständigkeit", und das gelte „selbstredend in noch stärkerem Maße gegenüber dem orientalisch-hellenistischen Recht." „Insbesondere" von der Einwirkung „der jüdisch-talmudischen Jurisprudenz" könne keine Rede sein. Schulz argumentiert, dass Septimus Severus, Papinian, Paulus und Ulpian keine „Orientalen" gewesen seien. Wieso? Dafür gäbe es keine Beweise. Sicherheitshalber schiebt er hinterher: Selbst wenn sie „Nichtitaliker von Blut" waren, seien sie in den Geist des Römischen Rechts hineingewachsen. Und während er sich so sorgfältig Gedanken über das Blut und den Geist des Römischen macht, spricht er gleichzeitig über das Sprechen. Die ganzen Passagen stehen nämlich in unmittelbarer Nähe zur Kritik der Rhetorik, die von ihm als eine Art Geschwätz abqualifiziert wird. Schulz verteidigt hier das Nationale auch als Garant eines Selbst, das rein, wahrhaft, zuverlässig und echt, vor allem aber unverstellt reden könne. Reiner Geist, klare Rede: Diesen Zusammenhang will Schulz nahelegen. Dabei schreibt er doch verstellt und zensiert.

---

[113] *Heinrich Wölfflin,* Italien und das deutsche Formgefühl, München 1964, S. 232/231. Diese Passage aus dem Fazit zitiert Schulz allerdings nicht.

Man muss mit dem Dogma umgehen und man muss es umgehen. Wolfgang Ernst hat rekonstruiert, wie wichtig und mutig Schulz' Verteidigung des römischen Rechts und sein Widerspruch gegen die Thesen von der ‚Verjudung' des römischen Rechts 1934 waren.[114] In den deutschen Biographien nennt Ernst diese Vorlesung ein „mutiges Bekenntnis zu Humanismus, Liberalismus und lateinisch-westlicher Zivilisation".[115] Das ist richtig, und doch bleibt etwas Schales. So, wie auch der Wahn ein Verhältnis zur Welt ist, so übernimmt selbst Schulz Teile des Phantasmas, gegen das er sich wehrt. Anders gesagt: Es gibt auch eine humanistische, liberale, lateinisch-westliche und zivile Weise, das Judentum zu verleugnen. Das ist vielleicht ein Teil des dogmatischen Grundes der abendländischen Gesellschaft, von dem Pierre Legendre spricht. Man braucht eine Abschirmung, um etwas zu haben, was nicht nur vernünftig ist, sondern auch Gründe gibt. Europa fabriziert sich und seine Rückseiten. Selbst wenn die westliche Moderne sich als überlegen sieht, weil sie den Zweifel zulässt, dann ist sie noch Teil eines dogmatischen Zwistes, der nicht mehr geleugnet werden kann. Schulz' Passagen zum unverstellten Rom sind insofern Teil einer alten Zensur. Wäre der offene Nachweis, dass Rom auch jüdisch vorkommt, für Fritz Schulz nicht noch viel verteidigenswerter gewesen? Wäre Jherings Witz, den

---

[114] *Wolfgang Ernst,* Fritz Schulz (1879–1957), in: Beatson/Zimmermann (Hg.), Jurists Uprotted. German-speaking Émigré Lawyers in Twentieth-century Britain, Oxford 2004, S. 105–203 (124/125).

[115] *Wolfgang Ernst,* Fritz Schulz, in: Neue deutsche Biographie Bd. 23, Berlin 2007, S. 714 f. (715).

Geist des römischen Rechts mit dem mosaischen Mythos beginnen zu lassen, nicht erzählenswert, wenn man schon dessen Formulierung von den Scheidekünsten übernimmt? Ähnlich wie Freud das Judentum mit einem Ägypter beginnen lässt, hätte man doch die Prinzipien Roms explizit mit östlichen und orientalischen Resten versetzen können, zumal Schulz auf eine Welt zu sprechen kommt, die so vorsokratisch wie kleinasiatisch war. Wäre es also hohe Scheidekunst, die Differenzen nicht zu leugnen, und ganz programmatisch so zu nutzen, dass man sich mit ihnen nicht begnügen kann? Wären wir heute Fritz Schulz überlegen, wenn wir unzensierter von der Verfremdung Roms sprächen? Das ist alles im besten Sinne fragwürdig, weil die möglichen Antworten zwar entschieden sein, aber doch der Zweideutigkeit Rechnung tragen müssen. Schulz agiert auf der Höhe der Scheidekunst, und zwar durch ein limitiertes, zensiertes (und in Niederungen verschobenes) Schreiben, in dem programmatisch von reinen Prinzipien, aber subversiv von Grenzübertritten erzählt wird. Die Linie, die Schulz in das Buch einschrieb, war zumindest von Selbst- und Fremdwiderspruch gezeichnet. Schulz' Vermögen liegt in einer Stellung, die nicht als persönliche Stellungnahme oder individuelle Überzeugung des Autors fassbar ist. Schulz positioniert sich, indem er springt. Wenn die Risse der Zeit mitten durch die Menschen gehen, wie sollte man ihnen dann ihre Begrenzung zum Vorwurf machen? Was Schulz über die Scheidekunst schreibt, ist eine Ausscheidung des Autors, mit welcher der Autor auch ausgeschieden wurde und bald schon das Land verlassen musste. Worte zu isolieren bedeutet auch: Sie isolieren. Wer sie isoliert, wird von ihnen isoliert. Schulz' Prinzipien des römischen Rechts zeigen ganz eindrücklich, dass die Grenzen des Rechts auch mitten durch Subjekte, die damit hantieren, durchgehen. Wer scheidet, kann nicht wissen, auf welcher Seite des Limits er steht.

***

III. Reden schneiden

1.

Das Kino ist eine Fortsetzung des Rechts mit anderen Mitteln. Wenn römische Techniken grundlegend für die Rationalität des Rechts wurden und wenn Roms Prinzipien Montagen sind, dann liegt es nahe anzunehmen, dass sich diese Rationalität im zwanzigsten Jahrhundert auch im Kino fortsetzt.[116] Montage findet im zwanzigsten Jahrhundert nicht nur, aber auch im Kino und dort vor allem theoriebildend statt. Pierre Legendre, der den Begriff der Montage unter anderem in Bezug auf den Staat verwendet und in einen rechtswissenschaftlichen Kontext rückt, spielt an verschiedenen Stellen auch auf das Kino an. Während andere Rechtstheorien im metaphorischen Horizont des Buchdruckes und der Architektur bleiben, wechselt hier jemand die Figuren aus, und das hat auch medienhistorische Gründe. Man kann spekulieren, dass der Besuch des Kinos Legendre auf die Idee gebracht hat, den Begriff der Montage zu verwenden. Wenn ein Autor Metaphern austauscht, dann mag er sich nichts dabei denken, es ist aber auch so nicht willkürlich und beliebig. Die Versetzung von Metaphern ist signifikant. Nicht nur, dass die Kinemato-

---

[116] Über die Ähnlichkeit zwischen Kino und Gericht *Vismann,* Medien der Rechtsprechung, Frankfurt 2012, S. 190–215.

graphie der theoriebildende Ort der Montage ist. Sie ist auch ein moderner graphologischer Vorgang. Sie schreibt seit Ende des 19. Jahrhunderts mit Licht und Schatten und erzeugt damit eine der größten Aufmerksamkeitsindustrien. Gegenüber dem Recht und seinen normativen Zirkeln steht das Kino in großen Teilen der Rechtswissenschaft nur für einen normativ unqualifizierten Rest der Gesellschaft: Nichts, was hier stattfindet, könnte beanspruchen, zu gelten oder gar rechtskräftig zu sein. Nichts hat Anteil an dem, was Luhmann als den „Code" oder das „Geltungssymbol" des Rechts bezeichnet. Nichts wäre mit diesen Anzeichen des Rechts „strukturell gekoppelt", um eine verbreitete Formel Luhmanns zu verwenden. Mit der Kinematographie könnte man allenfalls populäres oder inoffizielles oder subversives Wissen über das Gesetz erwerben, so legen es die Wissenschaften in der Regel nahe. Ob zum Beispiel Fred Wisemann, Errol Morris oder Marcel Ophüls, keiner von ihnen gilt als Jurist und wenn doch (wie bei Wisemann), dann nur als so einer, der irgendwann in seinem Leben das Recht gegen das Kino eintauschte. Selbst große kinematographische Inszenierungen des Gesetzes, wie etwa „Nach dem Gesetz" (Kollektiv Kuleshov, Moskau 1926), geraten nicht so schnell in das Feld der Aufmerksamkeit der Rechtswissenschaft. Ein weiter Zweig der Rechtswissenschaft betrachtet das, was im Kino stattfindet, im besten Fall als Teil der Phantasien und/oder Fakten, die sich im Konfliktfall den Normen beugen müssten.

Im Kino kommen Gesetze vor, trotz allem. Es gibt dort nicht-manifeste Gesetze, also solche Gesetze, die nicht auf die Weise manifestiert sind, wie das dem formellen und materiellen Gesetzesbegriff der Rechtswissenschaft entspricht. Das Kino, und das macht die Angelegenheit nicht gerade einfacher, steht mit seinen nicht-manifesten Gesetzen nicht einmal im Gegensatz zum Recht. Auch im Recht kommen Gesetze vor, trotz allem. Es wäre einfach und naiv, hier, also im Recht, das Unerschütterliche, den Schnitt, die Zensur und das Verbot zu wähnen und dort, also im Kino, die Triebe und die Bewegung, den Exzess und das Frivole zu sehen. Sowohl das Recht als auch das Kino beruhen aber auf geschnittenem und montiertem Material. Beide beruhen auf graphologischen Vorgängen. Beide haben ihre Triebfedern.[117] Ob die Kinematographie tatsächlich beweglicher ist als die isolierten Worte des Rechts, das müsste also erst mal bewiesen werden. Ein entsprechender Nachweis steht trotz gegenteiliger Versicherungen noch völlig aus. Nach wie vor wird (zum Beispiel in den Texten von Niklas Luhmann) behauptet, das Recht würde Erwartungen stabilisieren und (so etwa in den Texten von Siegfried Kracauer) das Kino würde zerstreuen. Man beobachtet aber nicht nur das Gegenteil, es wird auch ebenso behauptet. Schon seit Blaise Pascal gibt es einen bekannten und lebendigen Diskurs über die Zerstreuung des Souveräns, der auch im heutigen Diskurs über zerstreutes und polyzentrisches Recht nachlebt.[118] Und anders herum gibt es auch eine Dogmatik des Kinos, wie zum Beispiel das dänische Dogma

---

[117] In Bezug auf das Recht *Immanuel Kant,* Kritik der praktischen Vernunft (1788), Frankfurt am Main 1974, S. 191–212.
[118] *Steinhauer,* Medienverfassung (Fn. 24).

95. Das Limit hat also keinen exklusiven Bezug zum Recht und der Exzess hat keinen exklusiven Bezug zum Kino. Limitierung und Exzess kommen im Recht und im Kino vor. Daraus kann man zuerst vielleicht nur den Schluss ziehen, dass man auch als Rechtswissenschaftler das Kino noch einmal anders ins Auge fassen kann, also nicht nur als Objekt des Medienrechts. Vielleicht ist es ein Verwandter des Rechts und vielleicht kann man etwas von ihm lernen. Das gilt vor allem deswegen, weil der Begriff der Montage eine prägnante Rolle im Kinodiskurs und eine versteckte Rolle in der Rechtstheorie spielt. Die Montage macht das Gesetz nicht manifest. Für eine kritische Grundlagenwissenschaft vom Recht hält das Kino mit seinen Montagen vielleicht noch mehr bereit, als bloßes Regelungsobjekt zu ein. Es ist auch kein Zufall, dass Freud ab 1895, zunächst in einem bekannten Brief an Wilhelm Fließ, dann in der Traumdeutung, den Begriff des „Apparates" wählt, um über den Vergleich zwischen Seele und Psyche einerseits und den optischen Geräten andererseits zu erläutern, wie die eigene Zensur dem Menschen und seiner Sprache eine Kontur, eine Grenze und eine Abschirmung gibt.[119] Freud denkt schließlich auch an eine kammerartige Einrichtung des Gesetzes, nämlich an eine Instanz. Mit dem Begriff des Apparates wählt er nicht nur eine Bezeichnung für damals zeitgenössische optische Geräte, sondern auch für die faltenreichen, geschnittenen und vernähten Texte einer sol-

---

[119] *Sigmund Freud,* Die Traumdeutung (1900), Frankfurt am Main 1945; *Mai Wegener,* Neuronen und Neurosen. Der psychische Apparat bei Freud und Lacan, München 2004.

chen Dogmatik, wie sie in schon in der Schule der Glossatoren fabriziert wurden. In der Montage steckt eine Scheidekunst, die für das Recht fundamental ist, weil das Recht etwas Abgerücktes parat halten muss, nämlich ein entferntes Gesetz. Auch das spricht für eine Verwandtschaft zwischen Kino und Recht. Kommen wir also einfach zum Kino, und kommen wir in diesem Kontext zu Reden, die schneiden und die geschnitten werden.

Exkurs: Mein Ziel liegt nicht darin, eine exklusive Verbindung zwischen Rede und Kino nachzuweisen. Es kommt mir auf Strukturanalogien an, die in der Technik der Montage liegen. Mein Beispiel wird eine juristische Rede zeigen und es kommt aus dem Kino. Dabei wird ein rhetorisches Moment erkennbar, das vielleicht nicht medial indifferent ist, aber in ganz unterschiedlichen Medien vorkommt. Die Rhetorik sammelt historisch eine ganze Reihe von anonymen Kulturtechniken und verdichtet sie zu einer institutionalisierten Lehre. Von welchem Punkt aus soll man dann die Rhetorik bestimmen? Worin liegt ihr Eigensinn? Ist das die Amplifikation? Liegt der Eigensinn also in der Verstärkung von etwas, was ohne sie schwächer auskommen müsste? Ist die Rhetorik letztlich immer Rede? Oder ist sie letztlich immer Verstellung, Kniff oder Geschmeidigkeit? Man kann die Antwort auf diese Fragen gleichzeitig *verschieben* und *geben,* wenn man sich auf etwas stützt, das Quintilian im 10. Buch seines Lehrbuches beschreibt, nämlich das Prinzip der *copia:* Es gibt mit dem Prinzip der copia immer schon mehr Möglichkeiten als man realisieren kann, und damit muss man haushalten. So viele Muster, so viele Vorbilder, so viele Präzedenzen, die allesamt hilfreich und gut sind, selbst wenn sie nicht systematisierbar sind. Man muss aus der Abundanz schöpfen, darf aber nicht alles nehmen. Das Prinzip der Rhetorik ist es, zu kopieren, und zwar Gegenstände, die prinzipiell und auch ohne die Rhetorik schon zuviel sind. Die Rhetorik ist ein Sekundant, aber nicht der erste Sekundant. Sie sekundarisiert weiter. Eins ist entscheidend: Die Rhetorik kanalisiert dabei den Überschuss. Sie kopiert ja nicht knapp, aber doch limitiert. Dabei beschneidet sie gleichzeitig noch die Möglichkeiten, so etwas zu tun. Wenn sie auch amplifiziert, also ihre Gegenstände verstärkt, dann noch durch geschickte Verknappungen. Wird das Recht ihr Gegenstand, dann kanalisiert sie das Recht, um es zu übertragen. Die Rhetorik liefert Montagen, indem sie Limitierung und Exzess auf eine Art und Weise zusammensetzt, in der sich die beiden Elemente nicht wechselseitig neutralisieren. Diese Übertragungsverfahren, ihre geschickten, vervielfältigenden Verknappungen, mithin also ihre Scheidekünste, die sind also der Grund der Volte, mit der ich hier Recht, Scheiden, Kino und Rede zusammenführe. Wenn es eine Technik vor der industriellen Technik gibt, deren Namen Dogmatik ist, dann gibt es auch eine Montage vor der industriellen Montage, und deren Name wäre Rhetorik.

Das Scheiden ist Teil einer diagonalen Praxis, und auch die kann schiefgehen. Mich interessiert das Scheiden in diesem Abschnitt vor allem als Technik, die prinzipiell scheidet, in der dann aber doch noch einiges schiefgehen kann. Das Beispiel eines solchen Vorgangs ist Freddy Riedenschneider. Riedenschneider ist ein Redenschneider. Er ist jemand, der im Reden aufschneidet, also ein Aufschneider. Moment mal, Sie kennen Freddy Riedenschneider gar nicht? Dann ist es Zeit, ihn vorzustellen. Ich möchte Sie also bitten, sich vor der weiteren Lektüre eine Szene mit Freddy Riedenschneider anzuschauen. Die Szene stammt aus „The Man who wasn't there", einem Film aus dem Jahr 2001 der Brüder Ethan und Joel Coen. Wenn Sie keine Videothek und den Film nicht zur

Hand haben: Es gibt die Szene im Netz und der nächste Rechner ist hoffentlich nicht weit.[120]

2.

Die Szene ist in der Kamera. Ein Mann steht in einer dunklen Kammer, einer Art Camera Obscura.[121] Er taucht in einer Szene auf, die gefangen nimmt. Er steht in einem Gefängnisraum. Auf ihn fällt, wie das Auge des Gesetzes, ein (perforierter) Lichtkegel, der ihn nicht nur sichtbar macht, sondern in dem sich dieser Mann auch sonnt, als genieße er es, gesehen zu werden und als genieße er es, im Licht und unter dem Auge des Gesetzes zu stehen. Der Mann hebt zu einer Art Übung an. Er ist Anwalt und übt vor seiner Mandantin, ihrem Mann und einem Privatdetektiv ein Plädoyer, das er bald in einem Mordprozess halten will. Die Frau soll ihren Liebhaber ermordet haben. Der Anwalt spricht nicht zu oder mit seiner Mandantin und er erläutert ihr nicht, was er machen will. Er spricht stattdessen so, als ob er schon vor einem Publikum, der Jury stünde. Während er auf diese Weise also das Plädoyer übt, erklärt er das Unschärfeprinzip von Werner Heisenberg, macht es zur Grundlage seiner Verteidigungsstrategie und schmale Streifen zerteilen dabei seine Figur. Er wird dabei nämlich von Schatten gestreift.

---

[120] Die Szene ist u. a. auch auf youtube zu sehen: http://www.youtube.com/watch?v=5qFAYmkFNK0, Aufruf vom 19.01.2014.
[121] Zu der Figur im Kontext des Gerichts *Vismann* (Fn. 116), S. 340.

Das also ist Freddy Riedenschneider, der Reden schneidet und dabei von den Schatten der Gitterstäbe geschnitten wird. Tony Shaloub mimt diese Figur. Was sieht man in dieser Szene noch? Eigentlich nichts Außergewöhnliches. Man sieht einen Reden- und Aufschneider. Es gehört schon zur Tradition der juristischen Exegese, Texte aufzuschneiden. Es gehört sogar zu ihrer Tradition, Texte zu vierteilen. Man denke nur an den vierfachen Wortsinn in der Technik der Allegorese, wie sie etwa bei Thomas von Aquin Erwähnung findet, an die jüdische Exegese des PRDS oder an die vier Canones der Auslegung bei Friedrich Carl von Savigny. Diese exegetischen Techniken zerschneiden und zerlegen einen Text, und das in vier Schichten. Insofern ist Riedenschneider dem Namen nach ein gewöhnlicher Jurist. Riedenschneider setzt diesen exegetischen Scheidekünsten aber die Krone auf. Auch die Vierzahl hat zwar eine kosmologische Bedeutung, deutet also an, dass man den Text exegetisch vollständig, umfassend und quasikosmologisch aufschneiden möchte. Riedenschneider toppt aber selbst das. Er schneidet nämlich so auf, dass nichts mehr übrig bleibt, als suche er so etwas wie eine reine und ungetrübte Differenz, also etwas, in dem durchs Schneiden nichts bleibt als Differenz. „There is no ‚what happened'", tönt er. Seine Technik zielt auf mehr als berechtigte Zweifel, er zielt auf ein Gesetz des Zwistes. In Bezug auf diese Strategie von „Ungewissheit als Chance" zu reden würde sein Vorgehen unterschätzen. Riedenschneider möchte mehr als eine Chance. Er möchte mit der Rede aufschneiden, auf dass es für die Jury keinen Rest, also keine Möglichkeit außerhalb der von ihm gegebenen Möglichkeit mehr gebe. Diese Scheidekunst zielt nicht nur auf Restlosigkeit, sondern darauf, die Restlosigkeit auf einen so diskreten wie kontrollierbaren Punkt zu bringen.[122] „It's a proofed fact. In a way, it's the only fact, there is [...] This heini even wrote it out in numbers", merkt er zum Prinzip und zur Pointe der Ungewissheit trocken an.

Das Ganze ist ein Witz, aber es ist auch gerissen. Es ist Kino, aber nicht nur. In dieser Zuspitzung führt Riedenschneider etwas vor, was man mit einem Begriff des französischen Anwalts Jaques Vergès die „défence de la rupture" bezeichnen kann.[123] Jene Technik ist nicht einfach eine allgemeine Scheidekunst oder eine Schnitttechnik, es ist vielmehr noch eine besondere Risstechnik. *Riss,* dieses Wort, das in der Hermeneutik des zwanzigsten Jahrhunderts eine solche prominente Rolle spielt und das sich nicht zuletzt aufgrund von Heideggers Beschäftigung mit Werner Heisenberg dort weiter festsetzte, wurde bei Vergès zum Teil einer Strategie, also eines technischen und wiederholbaren Einsatzes.[124] Vergès hat diese Technik ab 1961 in den Prozessen um die Bombenattentate der Algerischen Befreiungsfront konse-

---

[122] Zur Restlosigkeit in historisch breiterer Perspektive *Markus Krajweski,* Restlosigkeit. Weltprojekte um 1900, Frankfurt 2006.

[123] U. a. *Jacques Vergès,* De la strategie judicaire, Paris 1968; dazu *Jonathan Widell,* Jacques Vergès, Devils's Advocate. A Psychohistory of Vergès' Judicial Strategy, Montreal 2012; *Vismann* (Fn. 116), S. 181.

[124] Über Heideggers Riss und Heisenberg *Christina Vagt,* Geschickte Sprünge. Physik und Medium bei Martin Heidegger, Zürich 2012, S. 229–261.

quent entwickelt. Was ist der Kern dieser Technik? Der Fürsprecher muss dafür sorgen, dass die Anklage zusammenbricht, indem er ihre Grundlage, die Möglichkeit des Sprechens, wegfallen lässt. Der Fürsprecher muss das justizielle und richtende Sprechen als Möglichkeit beenden. Vergès setzte diese Methode seit der Verteidigung Djamila Bouhireds (seiner späteren Ehefrau) ein, indem er die Gespräche im Gerichtssaal unnachgiebig eskalieren ließ. Jede Behauptung wurde bestritten; jeder von der Anklage und vom Richter benutzte Begriff wurde durch einen Gegenbegriff ersetzt. *Sie sind Franzose! Ich bin Algerier! Sie gehören einer kriminellen Vereinigung an! Ich gehöre einer Freiheitsarmee an!* Solche und andere Dialoge konnte man hören, aber Vergès nahm an ihnen nur Teil, um das Gespräch zu beenden. Dazu kamen Provokationen und Beleidigungen. Vergès schwenkte während eines Plädoyers schon mal die Fahnen der paramilitärischen Kämpfer. Die Eskalation und die exzessive Widerrede, beides sollte zu einem Sprachriss vor Gericht führen, einem Sprachriss, aus dem nichts mehr folgen konnte, einem Sprachriss, auf den sich nichts mehr begründen oder bauen ließe. Konstruktiv ging es darum, den Widerstreit hervorzukehren und ihn nicht durch die Macht des justiziellen Sprechens vereinnahmen zu lassen. Kam es dann im Laufe juristischer Entscheidungszwänge doch zum Urteil, war es für Vergès der nächste Schritt, mit Hilfe der Medien (in diesem Fall: der Massenmedien) die Begnadigung seiner manchmal sogar zum Tode verurteilten Mandantinnen und Mandanten durchzusetzen. Wenn die ‚rupture' funktionierte und Vergès das Urteil erfolgreich vom Sprechen abgetrennt hatte, dann war klar: Das Urteil basierte auf einer unmöglichen Situation. Es konnte nicht gesprochen, nicht miteinander gesprochen werden, und trotzdem hatte der eine den anderen verurteilt. Vergès erzeugte fast einen Gnadenzwang. Mit Lyotard könnte man sagen, dass Vergès Technik den Widerstreit suchte, um dem Prozess zu entgehen. Nicht zuletzt wegen dieser Technik und ihrem lange geübten Einsatz wurde Vergès von Barbet Schroeder, der ihm einen ganzen Film widmete, als „advocat de la terreur", von Bernard Violet als „Meister der Schatten" und von sich selbst als „brillianter Schuft" bezeichnet.[125] Jacques Derrida sprach in seinem bekannten Text über die Gesetzeskraft eine Faszination an, die von diesem Sprechbeender ausging.[126] Marcel Ophüls ließ ihn in dem Film „Hotel Terminus" auftreten (und fügte Szenen mit der zauberhaften Simone Lagrange an, einem Opfer seines Mandanten Klaus Barbie, die es gar nicht fassen konnte, dass Vergès in Lyon eine Bühne bekam). Später schrieb Vergès eigene Stücke, inszenierte sie und übernahm ihre Hauptrolle. Der Redenschneider ist und bleibt ein Aufschneider. Cornelia Vismann merkte einmal an, Vergès habe seine Faszination damit verspielt. Er sei in eine „mediale Schleife" geraten, „die am Ende nur noch ihn selbst thematisiert".[127] Das ist gut möglich, die Bemerkung kann aber auch eine apotropäische Geste sein.

---

[125] *Barbet Schroeder,* Im Auftrag des Terrors (Film), Toronto 2008; *Bernard Violet,* Le Maître de l'ombre, Paris 2000.
[126] *Jacques Derrida,* Gesetzeskraft. Der ‚mystische Grund der Autorität', Frankfurt am Main 1991, S. 74.
[127] *Vismann* (Fn. 116), S. 182.

Vergès entwickelte mit der „défence de la rupture" eine verkehrte Querulanz.[128] So, wie der Querulant einen sonst verdrängten Begleiter, den Furor, in das offene Herz des Rechts trägt, so trägt auch Vergès eine parajuridische Dimension ganz offensichtlich und explizit in dessen Herz, nur dass es diesmal nicht der Furor, sondern die Kondition des Sprechens ist. Vergès, der Fürsprecher, macht sich zu einem Vorsprecher, weil seine Arena der Vorhof des Sprechens war. Beide, der Querulant und der gerissene Vorsprecher, lassen das Recht implodieren. Während der Querulant das Recht aber nicht loslassen kann und von dessen Vorgängen früher oder später mitverschlungen wird, hatte sich Vergès mit seiner Gerissenheit erstaunlich gut gehalten. Während der Querulant ein getriebener Rechtsbewahrer ist, ist Vergès ein cool-diabolischer Gegenspieler. Die Art, dem Recht seine eigene Negation bekannt zu machen, sorgte für seinen internationalen Ruf in Prozessen, die von der spätkolonialen Phase über die Terroristenprozesse der Siebziger bis hin zur Verteidigung Klaus Barbies und noch weiter reichte. Kurz gefasst: Die „défence de la rupture", diese besondere Scheidekunst, kann auf eine erfolgreiche Karriere zurückblicken.

Kann man seinen Schatten meistern? Was ist mit Freddy Riedenschneider? Ist er tatsächlich das, als was Vergès bezeichnet wird, ist er ein Meister der Schatten? Riedenschneider zeigt sich konziliant und wenig provokativ. Strategisch verhält er sich allerdings ähnlich wie Vergès: Er schneidet auf, damit

---

[128] *Rupert Gaderer,* Querulanz. Skizze eines exzessiven Rechtsgefühls, Hamburg 2012.

kein Rest übrig bliebe. Bis zur Restlosigkeit aufschneiden, bis nichts mehr bleibt, als das was er sagt, das ist sein Ziel. Während Vergès der Rechtsprechung die Grundlage ihres Sprechens entziehen wollte, um Schluss mit dem Urteilen zu machen, will Riedenschneider der Forensik zwar nicht ihren Stoff, die Wahrheit, entziehen. Er möchte der Wahrheit aber ihre Medien, den Zeugen und das Zeugnis entziehen. Riedenschneiders Restlosigkeit zielt auf eine Medienlosigkeit. So, wie Vergès das Miteinander-Sprechen verunmöglichen wollte, so will Riedenschneider den Zeugen und sein Zeugnis, also die forensischen Medien, unmöglich machen:

> „There is no what happened. You can't know the reality of what happened, or what would have happened, if you hadn't stuck in your own goddamn schnozz. They called it the uncertainty-principle. Sure, it sounds screwy but even Einstein says this guy is onto something."

Je mehr man schaut, desto mehr tut sich auf. Für Riedenschneider ist das Unschärfeprinzip weniger eine Technik, um ins Detail einzusteigen, als eine Technik des Ausstiegs aus der Forensik. Es ist kein Mittel, den Dingen näher zu kommen, sondern das Mittel, unbedingt freizusprechen, indem man der Vermittlung entgeht. Heisenbergs Unschärfeprinzip ist Teil der Strategie, einer Jury ihre Verurteilungsfähigkeit und Potenz zu entziehen. Man muss nur gründlich Zweifel säen. Das ist eine Scheidekunst, mit der die Forensik auseinandergenommen werden soll.

Eine Rechtswissenschaft, die von Anfang an und ganz prinzipiell scheidet, ist nicht schlecht. Und doch geht bei Riedenschneider einiges schief. Wenn Riedenschneider sich die Scheidekunst restlos zu eigen machen will, wenn er in einer traumwandlerischen Hingabe an die eigenen Worte, fast so automatisch wie autopoietisch spricht, dann kombiniert er nicht nur das Mosaische des Gesetzes mit der Eigenheit seiner Technik. Er verschmilzt auch beides zu einem solipsistischen Monolog. Wie Vergès ist Riedenschneider in eine Schleife seines Selbst geraten. Es ist ein gigantisches Selbstsprechen, ein ungebremster Selbstwahn. Kurz gesagt: Riedenschneider spricht als Narziss (und wird so in einer späteren Hotelzimmer- und Spiegelszene von den Coens inszeniert). Er ist ein Aufschneider, dem sich einiges verschließt. Riedenschneider spricht in einer Art Verfügungswahn, für den sein Narzissmus und sein raffiniertes Händespiel nur äußere Kennzeichen sind. „Nun ist auch der Wahn ein Verhältnis zur Welt".[129] Wenn sich der Fürsprecher aber souverän gibt, dann wird er zu einer Art Anti-Schulz. Das ist sein Problem. Deswegen ist Riedenschneider auch, anders als Fritz Schulz, die Figur eines unproduktiven Mangels. Man darf die Rede begehren, aber nicht lieben. Riedenschneider begehrt sie und er liebt sie. Seine Scheidekunst hat nicht nur, wie schon bei Schulz, etwas frivoles, sie ist auch offensichtlich maßlos. Riedenschneider spricht so, als würde er gesehen, er argumentiert, also ob er sich zeige, spiegele und sonnte. Er wählt die Worte, als ob es eine Show wäre. Das ist unverhohlen Augendienerei. Das wäre ja nicht weiter schlimm. Aber ein Augendiener, der vor dem „Look" warnt, das kann eben

---

[129] *Schneider* (Fn. 68), S. 16.

nicht gut gehen. Es kann auch nicht gut gehen, die Restlosigkeit auf den Punkt bringen zu wollen.

„This Heini even wrote it out in numbers": Für Riedenschneider ist das Unschärfeprinzip ein zahlenförmiges, ein diskretes und berechenbares Prinzip und er agiert wie der Meister dieser Berechnung. Wenn man die Scheidekunst für ein Produktionsmittel hält, dann wird sie in Riemenschneiders Händen allerdings unproduktiv. So wie die Worte, so darf man auch die Unschärfe begehren, man darf sie aber nicht lieben. Diese Aneignung kann nur schief gehen. Im Film wird das geübte Plädoyer nämlich nicht gehalten. Etwas passiert dann nämlich doch. Seine Mandantin erhängt sich mit dem Gürtel des Kleides, das sie von ihrem Mann für die Verhandlung geschenkt bekam. Der Richter betritt den Gerichtssaal nur, um das Verfahren nicht zu eröffnen. Riedenschneider, der die Gerichtsverhandlung eben noch „the big show" nannte, reist ohne Auftritt frustriert ab.

Mosaisch, montiert: Das ist Freddy Riedenschneider. Die Coens inszenieren die Figur des Fürsprechers als mosaischen Verteidiger des Gesetzes. Sie wählten Tony Shaloub, der als Sohn libanesisch-maronitischer Einwanderer dem Fürsprecher ein klischeehaftes Antlitz geben soll. Sie lassen ihn ein Wort aus dem amerikanisch-jiddischen Slang nutzen („Schnozz"/Nase). Riedenschneider ist aber nicht nur eine mosaische Figur, also nicht nur eines Figur des Gesetzesvolkes. Er wird auch ganz explizit als Figur der Montage inszeniert. Der Anwalt bewegt sich im Raum eines Lichtspiels, das gefangen nimmt. Er bewegt sich in einem Lichtkegel, als ob die Sicht auf ihn von einem kinematographischen Projektor entworfen würde. Er spricht, als ob er vor einem großen Publikum spräche. Und schließlich durchschneiden ihn die Schatten der Gitterstäbe so, als wäre er eine Filmrolle und als bestünde er nur aus aneinandergereihten, losen und vereinzelten Bildern. Das alles ist die Szene, und nicht nur das. Das Double mit dem Doppelnamen Riedenschneider/Shaloub scheint und tut ja nicht nur so, als sei es ein gestelltes und montiertes Double. Es ist das alles ja auch: Figur im Lichtspieltheater, Projektion, geschnittene und gecastete Filmrolle. In der Szene tauchen die Metapher und das nackte Wörtlichnehmen des filmischen Materials gleichermaßen auf. Bloße Metapher oder technisches Material, diese Szene ist beides und nichts davon. Als Inszenierung grandios gelungen, vor dem inszenierten Gericht aber folgenlos: Man könnte aus Coens Szene die Moral ziehen, niemand werde der Scheidekunst Herr, wenn das Ganze nicht selbst so meisterlich in Szene gesetzt worden wäre. Man könnte auch auf die Idee kommen, im Kino würde man schlauer als im Gerichtssaal. Und doch ist das Kino nur die Fortsetzung des Rechts mit anderen Mitteln, wenn es die Zuschauer mit dem Gesetz versorgt.

Im Kino verkehren Gesetze. Vor allem aber kommt es gar nicht darauf an, ein Rangverhältnis zwischen Kino und Gericht zu entdecken oder gar das schon im 19. Jahrhundert entwickelte Privileg auszuspielen, zwischen Recht und Ästhetik einen kategorialen Unterschied zu machen. Viel spannender ist es schließlich zu sehen, dass das Gesetz nicht nur vor dem Recht stattfindet, sondern auch jenseits dieser Zone. So, wie man schon bei Fritz Schulz kein Rangverhältnis zwischen den griechischen Fußnoten im Untergrund und der deutschen Übersetzung in dem Text über Rom herstellen kann, so kann man kein Rangverhältnis zwischen dem Gesetz der Rechtswissenschaft und dem Gesetz des Kinos herstellen. Vielleicht kommen im Recht manifeste und im Kino nicht-manifeste Gesetze vor, aber wenn man sich noch einmal an Fritz Schulz und seinen Fußnotenapparat erinnert: Auch im Recht kommen auch schon manifeste und nicht-manifeste Gesetze vor. Wenn sich das Kino der Gebrüder Coen wie eine Fußnote zum Rechtstext und seinen manifesten Gesetzen verhält, dann müssen sich die Gebrüder Coen durch diese Beschreibung gar nicht beleidigt fühlen. Gute Kinematographie ist das nicht deshalb, weil es auf der Leinwand und unter dem Recht stattfindet, sondern weil es die Montage und den graphologischen Vorgang des Gesetzes so meisterlich in Bewegung und Szene setzt. Wenn sich die Rechtskulturen immer wieder mit Gründungsmythen in Szene setzen, dann liefert die Coens mit ihrem Redenschneider den Blick auf etwas, auf das auch schon Fritz Schulz den Blick werfen ließ: Am Grunde der Rechtskultur rührt sich die „grundlose, unmäßige [und] frivole Bewegung" von Techniken, die dafür sorgen, dass Gesetze übertragen werden und in denen genauso viel schief gehen kann wie im Recht.[130] Vielleicht ist das Kino nur ein Abbild des Rechts. Wenn aber erst noch zu beweisen wäre, dass die Kinematographie beweglicher ist als

---

[130] *Bernhard Siegert,* in: Perpetual Doomsday, in: ders./ Vogl (Hg.), Europa. Kultur der Sekretäre, Zürich/Berlin 2003, S. 63–78 (63).

ein Rechtstext, dann müsste auch erst noch bewiesen werden, dass ein Rechtstext weniger das Gesetz abbildet, als es das Kino tut.

3.

Montagen sind dogmatisch. Pierre Legendre arbeitet seit einiger Zeit an einer unbetitelten Wissenschaft vom Recht. Er hat es mal mit dem Titel „dogmatische Anthropologie" versucht, aber so richtig durchgehalten wird dieser Titel von ihm nicht. Mal spricht er zum Beispiel auch von dem Programm einer „industriellen Dogmatik". Er verwendet den Begriff der Montage ab und an kombiniert, spricht also mal von der „dogmatischen", mal von der „eucharistischen" Montage, mal von der Montage des Staates. In Bezug auf den juristischen Diskurs um die Fiktionalität der eigenen Grundlagen bezieht Legendre eigensinnig Stellung. Der Staat ist als Montage auch eine Fiktion, aber deswegen nicht einfach ein Fall der Logik oder (wie noch bei Hans Vaihinger) eines evolutionär austarierten Gegensatzes zwischen Sein und Nichtsein. Eher schon kann man Legendres Montage mit dem vergleichen, was man Fassaden nennt: Der Staat fußt auf Techniken, die fassadenhaft sind, weil sie Trennwände und Durchgänge in die Welt einziehen, die artifiziell sind und mit ihrer eindringlichen Äußerlichkeit die ganzen Sinne gefangen nehmen. Der Staat ist gestellt wie eine Fassade und er scheint auch so. Das ist aber kein Gegensatz zur Wirklichkeit. Fassaden gibt es ja, sie können ja nicht deswegen geleugnet werden, nur weil sie künstlich sind und etwas verstellen. Das alles greift Legendre auf. Der eigentliche Witz von Legendres Wortwahl liegt allerdings darin, aus dem metaphorischen Horizont der Architektur auszubrechen und in den metaphorischen Horizont der Kinematographie zu wechseln und damit den mobilen Charakter der Montage zu betonen. Ursprünglich mag die Montage so immobil und stabil wie eine Fabrikhalle gewesen sein. Durch die Theorien der Montage, die sich ums Kino herum gebildet haben, hat sich der Begriff aber gewandelt. Es ist insofern kein Zufall, wenn Legendre nicht von der Fassade sondern von der Montage spricht. Unterhalb des Rechts liegt etwas und hat dort, so versteckt wie verschämt, aber auch frivol und maßlos, an der Reproduktion des Rechts Anteil. Dieses archäologische Wimmeln passt mit seinen Bewegungen nicht mehr so recht in den Horizont architektonischer Metaphern. Vor diesem Hintergrund hat der rechtstheoretische Wechsel von Figuren der Architektur zur Figuren der Kinematographie eine ganz spezifische Bedeutung, die mit der Stabilität der Reproduktion zu tun hat. Mit dem Begriff der Montage verbindet sich also mehr als der banalen Umstand, dass Juristen Metaphern ihrer Zeit verwenden, um über die Grundlagen des Rechtes zu sprechen. Die Rede erschöpft sich nicht darin, metaphorisch zu sein. Der Begriff der Montage ist eine Metapher und mehr.

Montagen stellen instabile Anschlüsse her. Wie im sog. „Kuleshov-Effekt" (einer Schnitttechnik, die nach Lev Kuleshov benannt wurde), bringt die Montage etwas in Bewegung, indem sie zwischen zwei Bilder etwas schiebt, was nicht, auch nicht sichtbar ist. Victor Shklovskij vermengte in diesem Zusammenhang nicht zufällig den stroboskopischen Effekt mit der Ebene der Bedeutungen, weil er die physiologischen

Zwänge mit hermeneutischen Folgen zusammen dachte.[131] Der Kuleshov-Effekt, der als eine Art didaktischer Grundmoment der sowjetischen Montage bekannt wurde, ist ein „Tiers-Effect", also eine Drittwirkung, in der das Dritte ein radikales Zwischen und Außerhalb der Bilder ist.[132] Kuleshov nutzte ihn im Unterricht, verwendete ihn aber auch in einem Film, der zu den rechtstheoretisch interessantesten Dokumenten der zwanziger Jahre gehört: in dem schon erwähnten Film „Nach dem Gesetz" (Moskau 1926). Kuleshow zeigt dort im Kontext einer Gerichtsverhandlung immer wieder das Bild der Queen, in deren Namen das Recht gesprochen werden soll, und er zeigt es immer in anderen Zusammenhängen. Obwohl der Zuschauer erkennt, dass das Bildnis sich nicht gewandelt haben kann, wechselt dann laufend die Mimik der Königin. Von *ausgewählt* bis *zynisch*: Blick und Antlitz bleiben zwar starr und wechseln dennoch, alphabetisch vollständig, den Ausdruck. Das monumentale Subjekt, in dessen Namen Recht gesprochen wird, ist schon 1926 eine Montage und nicht nur das. Das Kollektiv Kuleshow behauptet mit seinem Rückgriff auf den Western und die Queen plötzlich, dass dieses Subjekt auch schon vor und außerhalb der (sowjetischen) Revolution eine Montage war. Die Histo-

---

[131] *Victor Shklovskij,* Die grundlegenden Gesetze der Film-Einstellung, in: Beilenhoff (Hg.), Poetika-Kino. Theorie und Praxis des Films im russischen Formalismus, Frankfurt am Main 2005, S. 208–220.

[132] Zum Begriff des „Tiers-Effect" im Rechtsdiskurs *Helmut Ridder,* Die Freiheit der Kunst nach dem Grundgesetz, Berlin/Frankfurt 1963, S. 61–66 (in der französischen Übersetzung).

riographie erhält hier ein medientechnisches Feed-Back. Plötzlich ist es so, als sei es schon immer so gewesen, dass monumentale Subjekte auf Montagen beruhen.

Risse animieren. Auch in dem Film des Kollektivs Kuleshow wird, wenn auch ganz anders als bei Vergès, wieder eine Strategie der ‚rupture' wirksam: Risse animieren, sie setzen die Bilder in Bewegung und geben dem Film ein quasihermeneutisches Gerüst, das ist ein Witz der Montage. Das ist quasihermeneutisch, weil es in der Montage zwar ein mediales Geschick gibt. Es gibt aber keine Götter, zumindest ist der Zugang zu ihnen „gesperrt".[133] Statt ihrer sind es die nichtigen Zwischenräume, die den Lauf walten lassen. Das ist Quasisinn, weil der Sinn darin ein „Oberflächenphänomen", eine „Vorspiegelung" und eine „Schaumkrone" ist.[134] Die Montage ist sogar ‚quasiexterior': Der Schnitt ist äußerlich, aber die geschnittene Filmrolle gehört nur deswegen zu den „äußersten" Dingen, weil es keine noch weiter äußeren Dinge gibt.[135] Es ist Schize, die spricht. Montagen bauen eine laufende, sprachlich limitierte Struktur auf, und dies mit Hilfe von Zwischenräumen, in denen schlichtweg nichts stattfindet, damit die Bilder selber laufen lernen. Im Kino ist das so erfolgreich, dass sich sogar ein Diskurs und eine Praxis der Ani-

---

[133] *Latour,* Wir sind nie modern gewesen. Versuch einer symmetrischen Anthropologie, Frankfurt 2000, S. 47.

[134] *Michel Foucault,* Gespräch mit Madeleine Chapsal, in: Analytik der Macht, Frankfurt am Main 2005, S. 18–24 (19).

[135] *Emmanuel Levinas,* Totalität und Unendlichkeit. Versuch über die Exteriorität, Freiburg/München 1987.

mation entwickelt haben, als ob der Film eine Seele hätte.

Die Montage braucht fundamentale Zwischenräume, die so radikal dazwischenliegen, dass der Raumbegriff fast unpassend wird. Die Schnitttechnik des Films ist zumindest anders als jene Begrenzungen des typographischen Raums, mit dem man im Buchdruck Seiten verfasst.[136] Während der typographische Raum einen umfassenden Rahmen bietet, ist die Montage eine Durchwirkung. Die Montage verfasst nichts, sie verwaltet den Lauf des Films. Alles, was an der Montage Rahmen ist, ist nicht Umfassung, sondern gründliche Versäumung, weil es mitten durch die Kinematographie geht. Die Montage braucht Zäsuren und Zensuren, die mitten durch den Film und alle seine Stellen durchgehen, um die Konnektivität zu organisieren. Die schwarzen Ränder, die zwischen den Einzelbildern liegen, drehen sich wie eine Helix um das Ikonische des Films und sie sind insoweit Teil des Apparates, der den Film in Schwung bringt, um aus einem starren Produkt den Vorgang einer laufenden Reproduktion zu machen. Im Lauf sind die Zwischenräume nicht sichtbar, aber auch unabweisbar. Es ist dann nicht so, dass im Film erst der Trieb da wäre und dann käme der Schnitt. Ihre Triebkraft entwickelt die Kinematographie nur mit Hilfe des Schnitts. In der Kinematographie mag das wortwörtlich geschehen. Pierre Legendre ist aber nicht der Einzige, der davon ausgeht, dass die Verfahren der Montage über die Kinematographie hinausgehen und auch als dog-

---

[136] *Vesting,* Die Medien des Rechts. Buchdruck, Weilerswist 2013, S. 47–52.

matische Verfahren, also in Gesetzestechniken vorkommen.[137] Als Gesetzestechnik gehört die Montage zu jenen Scheidekünsten, die dafür sorgen, dass die Grenzen des Gesetzes mitten durchs Gesetz gehen. Vielleicht sind das sogar die eigentlichen Triebfedern des Gesetzes. Wenn Rhetorik der Name einer Montage vor der industriellen Montage ist, dann, weil die Tropen und Figuren, all die Ellipsen und Metaphern, das Sprechen schon auf eine Art versäumen, die später in einem kinematographischen Apparat, einem Projektor, maschinentechnisch eingelagert wird.

Die Kinematographie, die Zelluloidstreifen und der rotierende Verschluss des Projektors sind die materialistische Version und das technische Symptom von etwas, was nicht allein im Material, sondern in der Widerständigkeit des Materials stattfindet. Im Untergrund des Gesetzes finden graphologische Vorgänge statt, in denen das Material geschnitten *ist* und geschnitten *wird*. Das Verfahren der Montage nutzt Aussetzer, um Bilder zu bewegen. So überspringt das Verfahren das Material, mit dem es doch ausschließlich operiert. Entscheidend ist, dass die Montage nicht eine besonders raffinierte und künstlerisch verfeinerte Verbindung zwischen zwei Bildern herstellt. Ihr Witz liegt darin, Diskontinuität so auszubreiten, dass sich die Konnektivität auch über Konfigurationen und Konstellationen herstellt, die nicht durch

---

[137] *Victor Shklovskij,* Die grundlegenden Gesetze der Film-Einstellung, in: Beilenhoff (Hg.), Poetika-Kino. Theorie und Praxis des Films im russischen Formalismus, Frankfurt am Main 2005, S. 208–220 (218 f.); *ders.,* Die Filmfabrik, a. a. O., S. 247–262 (248) (zu nicht-manifesten Gesetzen).

Ähnlichkeiten, Gemeinsamkeiten, Identität oder ein *genus proximum* zusammengehalten werden. Die Montage lebt von einer Instabilität. Das ist Kohärenz über Rissen. Sie operiert mit der Schize eines medialen Geschicks. Irgendwie hängt nichts wirklich zusammen und trotzdem kommt es zur Sprache. Die Montage ist eine ‚exteriore Operation', die die Infrastruktur des Rechts zusammenhält.[138]

4.

Das Recht hat sich geändert, aber wie. Der Einbruch des kinematographischen Horizontes und das Aufkommen der industriellen Montage könnte letztlich auf eine Veränderung der juristischen Hyperreferenz hinweisen. Man könnte auf die Idee kommen, diese Hyperreferenz sei unsicherer geworden. Mit einer Hyperreferenz meine ich eine Einrichtung, die Referenzen ermöglicht, ohne selbst Referenzen auszufüllen. Eine Hyperreferenz ist ein Übertragungs- und Teilungsfaktor. Diese Hyperreferenz wird in unterschiedlichen Theorien mit dem Begriff des Dritten in Verbindung gebracht.[139] Weiter oben habe ich bereits von dem sog. „Tiers-Effect" der Montage gesprochen und darauf verwiesen, dass dieser Begriff im deutschen Diskurs mit dem staatsrechtlichen Begriff der Drittwirkung verbunden wird. Die Geschichte der Montage verweist aber gerade auf eine

---

[138] *André Leroi-Gourhan,* Hand und Wort, Die Evolution von Technik, Sprache und Kunst, Frankfurt am Main 1984, S. 296 f.

[139] *Eva Eßlinger* et al. (Hg.), Die Figur des Dritten. Ein kulturwissenschaftliches Paradigma, Berlin 2010; *Steinhauer,* Das eigene Bild, Berlin 2013 S. 8 f.

Unbezifferbarkeit der Hyperreferenz, auf die ich genauer zu sprechen kommen möchte. Was bedeutet also der Eindruck, die Hyperreferenz sei unsicherer geworden? Früher gab es noch stabile Garanten des Rechts, stehende Dritte, Götter, Souveräne und Staaten, sagt man. Früher gab es aber auch schon die Differenz zwischen früher und heute. Wenn sich das Recht geändert hat, dann heißt das nicht, dass es sich nicht reproduziert. Wie verläuft also eine Scheidekunst, die das Recht nicht zuletzt deswegen erscheinen lässt, weil sie nahe legt, dass seine Grundlagen verschwunden seien?

Hyperreferenzen liefern symbolische Fassungen. Es gibt eine Strategie des Risses, die treuer auftritt, als das Jacques Vèrges macht. Zu dem rechtstheoretischen Monument von 1926, also zu dem schon erwähnten Film „Nach dem Gesetz" des Kollektivs Kuleshov, gibt es eine bezeichnende Titelsequenz. An ihr kann man beschreiben, inwiefern Hyperreferenzen symbolische Fassungen liefern. Die Titelsequenz zeigt am Anfang des Films nur einen schwarzen Grund und darauf die leuchtenden Worten, die sagen, man sehe nun die „dritte Arbeit" des Kollektivs Kuleshov. Als der Film produziert wurde, war das Kollektiv also angeblich schon so lange assoziiert, dass seine Arbeit nun eine Dritte wurde. Angeblich gab es jetzt eine Serie. Der Film, der ursprünglich auch „Drei" heißen sollte (und der in dem gleichen Jahr entstand, in dem Shklovskij auch das Buch „Die dritte Fabrik" veröffentlichte), markierte die Dreiheit auf der Oberfläche seiner Titelsequenz. Dieser Arbeit ist eine Figur des Dritten eingeschrieben, aber diese Einschreibung taucht wie eine bodenlose Behauptung auf. Die Titelsequenz singt im Walde, sie versichert etwas. Es ist, also solle der Titel hier mit einer diskreten Seriennummer eine Institution absichern, die es gar nicht gab. Der Film stellt, wenn auch nur auf der Oberfläche einer Titelsequenz, eine ternäre Struktur oder eine Triangulation offen zur Schau, als wolle er das Kollektiv instituieren. Die Arbeit zeigt mit dieser Titelsequenz eine symbolische Fassung, die ein Kollektiv aufspannt und durch die die Konnektivität des Kollektivs zumindest so lange läuft, solange sie läuft. Die Sequenz beschwört den Dritten. Das Kollektiv macht also nicht nur Montagen, es ist auch mithilfe einer Montage gemacht. In seinen theoretischen Schriften hat Shklovskij in der Nähe dazu den Begriff der Verfremdung eingeführt.[140] Nicht nur, dass die Montage eine der Verfremdungstechniken ist. Sie lässt auch alle Elemente der Montage (seien das Subjekte, Dinge oder Handlungen) von Grund auf verfremdet zurück.

Die Institution des Kollektivs wird kinematographisch verwaltet. Ihr Behelf ist eine Struktur, die unbedingt scheint und leuchtet, aber nur bedingt einleuchtet. Sie hängt nämlich an Sichtbarkeiten, die von Unsichtbarkeiten durchzogen sind. So deutlich sie ist, so deutbar ist sie. Sie schreibt sich fort, über instabile Anschlüsse in der Zeit und darum auch nur so lange, solange sie es tut. Sie verfällt schnell und leicht. Urs Stäheli hat die Struktur der Konnektivität zum Teil einer „Infrastruktur" gezählt, die in keinen planbaren

---

[140] *Shklovskij,* Kunst als Verfahren (1916), in: Striedter (Hg.), Russischer Formalismus, München 1994, S. 2–35 (15).

Handlungen aufgefangen werden könnte.[141] Die beschworene Institution hat kein Selbstbewusstsein, weil die Subjekte darin nur ein „parasitäres Verhältnis zu ihren Infrastrukturen" haben.[142] Kein Wunder, dass Walter Benjamin während seines Moskauer Besuches von dem Film ratlos zurückgelassen wurde.[143] Die Konnektivität dieses Films verdichtet sich weder zum Grund noch zum Subjekt, und so etwas taugt nicht als Rat, es ist in diesem Sinne tatsächlich unsowjetisch. Wo hier etwas Grund oder Subjekt wäre, da wäre es Dichtung, aber keine Verdichtung. Wenn Kollektive Institutionen sind, dann sind sie auch etwas anderes als Gruppen oder Gemeinschaften, weil sie etwas anderes als intentional getragene Versammlungen von Subjekten sind. Die Sequenz des Dritten hat darin etwas Dinghaftes und etwas Subjekthaftes, ohne aber in einem Ding oder einem Subjekt eine Synthese zu finden. Sie steht auch zwischen Medium und Subjekt und ist dann weder Makrosubjekt noch Chiffre für Intersubjektivität, zumindest dann nicht, wenn man Intersubjektivität wieder als gemeinschaftliche Eigenschaft von etwas denkt, das selbst eine Synthese im Subjekt finden könnte. Auch die kollektive Institution ist dann etwas, was zwischen den Subjekten steht, weil es vor ihnen steht.

Es gibt einen Dritten, mindestens! Im Kontext der Montage einerseits und der zwanziger Jahre anderer-

---

[141] *Urs Stäheli,* Infrastrukturen des Kollektiven – alte Medien, neue Kollektive? ZMK 2/2012, S. 99–121 (111 ff.).

[142] *Stäheli* (Fn. 141), S. 116.

[143] *Walter Benjamin,* Moskauer Tagebuch (1926), Frankfurt am Main 1980, S. 41.

seits gibt es für die Figur des Dritten zwei signifikante Zitate, eines (im Kontext der Montage) von Pierre Legendre und eines (im Kontext der zwanziger Jahre) von Franz Rosenzweig. Um zu zweit zu sein, müsse man immer schon „zu dritt" sein, sagt der Montagetheoretiker Legendre.[144] „Beziehung[en]" fänden nur „zwischen Dritten" statt, sagt Rosenzweig um 1920 an der Stelle eines twistreichen Briefes.[145] Zwischen beiden Zitaten gibt es einen verrückten Bezug. Man muss nicht nur zu dritt sein, um zu zweit sein zu können, man braucht auch mindestens zwei Dritte, zwischen denen die Beziehung stattfindet. Beide Zitate sind so signifikant, weil in ihrer Zusammenstellung das Verrückte (und Instabile) des Dritten auftaucht. Der Umstand, dass er als Dritter eine Instanz ist, ist nicht zu trennen von dem Umstand eines Kontaktes, in dem sich dieser Dritte befindet, indem er auf die Ebene der Zweiten zurückfällt. Der, die oder das Dritte ist entfernt, und die Entfernung ist – wie Heidegger just 1926 feststellt – ein nomen actionis, denn sie hat eine transitive und aktive Bedeutung.[146] Die Entfernung muss gemacht werden, damit sie angeht und das auch noch in den Kontakten des Kollektivs, also muss sie mitgemacht werden. Der, die oder das Dritte ist dann eine dogmatische Figur, die eine

---

[144] *Legendre,* L'inestimable Object de la Transmission. Étude sur le principe généalogique en Occident, Paris 1985, S. 56

[145] *Franz Rosenzweig,* ‚Urzelle' des Sterns der Erlösung, in: Der Mensch und sein Werk. Gesammelte Schriften Bd. III, Dordrecht 1984, S. 125–138 (130).

[146] *Martin Heidegger,* Sein und Zeit (1926), Tübingen 2006, S. 105.

entfernte Instanz ist, weil die Entfernung hier und jetzt mitgemacht wird. Wie in der Montage des Films liegt ihr eigentlicher Sitz nicht nur zwischen den Subjekten, sondern auch zwischen den Medien, also in der Schize medialer Geschicke. Wenn der, die oder das Dritte in einem Außerhalb des Bildes und innerhalb der Infrastruktur liegt, müsste man ihn/sie/es sogar in der Medienlosigkeit (nicht in der Unmittelbarkeit) verorten, mit der diese Figur eine dogmatisch-mediale Funktion erfüllt, nämlich die Konnektivität zu überstellen.[147] Die Montage gehört eben zu den Scheidekünsten, die symbolisch fesseln und binden.

Garantiert Dritte![148] Pierre Legendre spricht im Kontext des Dritten von einem „Garanten".[149] Man kann mit diesem Begriff das Enttäuschende von Institutionen übersehen, die nicht halten, was sie versprechen. Zumindest in dem gewählten Beispiel garantiert die Sequenz des Dritten nichts. Die Deklaration erfüllt zumindest nichts. Als Sprechakt kommt der Titelsequenz wenig Performanz zu, sie stellt eher etwas dar als etwas her. Im besten Fall ist die Titelsequenz eine Signatur, mit der ein Film verkehren kann. Sie ist gleichermaßen Geste und Programm eines Kollektivs. Mit der Sequenz des Dritten lässt sich das Eine der Bindung nicht hypostasieren, insofern ist diese

---

[147] Anders bei Stäheli, der die Konnektivität auf nackte und *unmittelbare* Bewegungen zurückführt, *Stäheli* (Fn. 141), S. 104 ff.

[148] Zum Appell an die zivilrechtliche Einbildungskraft: *Elena Barnert,* Der eingebildete Dritte. Eine Argumentationsfigur im Zivilrecht, Tübingen 2008.

[149] *Legendre,* Die Kinder des Textes. Über die Elternfunktion des Staates, Wien/Berlin 2011, S. 233–278.

Bindung unbezifferbar. Die Sequenz des Dritten ist eine Hyperreferenz, die von einer Position radikaler Äußerlichkeit aus alle Beziehungen bestimmt, obschon diese Äußerlichkeit sich wiederum nur aus geschnittenem Material ergibt. Sie ist Zeichen eines Überrestes. Als Signatur ist die Titelsequenz selbst ein technischer Vorgang und eine Operation wie die Montage. Es ist also keine Figur des Dritten, die als großer und prästabilisierter Mittler dem Film vorgängig wäre. Der Vorgang besteht aus „Operationsketten", die der Vorgang selbst sind, indem sie ihn vollziehen.[150] Diese Operationsketten sind wiederum diagonale Praktiken und nicht bloß konkret, weil sie selbst schneiden und geschnitten sind. So, wie das Äußere des Films seine Infrastruktur ist, so ist das Äußere des Rechts seine Infrastruktur. In dem Film von 1926 werden die äußeren Dinge (des Films und des Rechts) die äußersten Dinge. Nicht nur, dass an und in ihnen das Jenseits des Films ebenso vollzogen wird wie das Jenseits des Gesetzes. Es gibt auch nichts, das noch weiter außen wäre. Die „dritte Arbeit" von 1926 gehört zu einer Äußerlichkeit, die in der Infrastruktur von graphologischen Vorgängen gehalten wird. Kollektive haben in diesem Feld der Exteriorität keine plurale ‚Wir-Form', weil sie außer sich sind. Sie sind keine singuläre erste Person, selbst wenn Subjekte darin vorkommen. Ihre ‚Objektivität' ist keine gemeinschaftlich getragene Versammlung von Sinn, sie ist geteilter und geschiedener Sinn. Ihre Medialität ist nicht ihre Substanz. Und doch schafft

---

[150] *Harun Maye,* Was ist eine Kulturtechnik? ZMK 2010, S. 121–135 (132).

hier etwas Konnektivität, aber eben zum Preis einer durchgehenden Aufspaltung. Die Subjekte, Dinge und Handlungen werden darin aufgespalten, das macht den Vorgang schließlich zum Teil einer diagonalen Praxis. Man muss die Entfernung des Rechts nur mitmachen.

Gestern wird das Recht verfasst, heute wird es versäumt. Man könnte sagen, dass die Montage die Grundlagen des Rechts erheblich verändere. Weil die Geschichte juristischer Kulturtechniken aber eine sedimentäre Geschichte und eine Seismographie bewegter Zeiten ist, lässt sich kaum behaupten, dass die Montage im zwanzigsten Jahrhundert eine besondere Instabilität des Rechts vergegenwärtigt hätte. Die Montage ist nicht das Produkt eines großen Bruches, sondern solcher brüchiger Geschichten, die sich durch Symbolisierungen eines Bruches noch stabilisieren. Schon das Kollektiv Kuleshov reflektiert in seinen Arbeiten, dass auch die vorrevolutionäre Einrichtung der Königin auf einer Montage basierte. Der Souverän wurde nicht durch die Revolution entfernt, er war es schon zuvor. Rosenzweig und Legendre überschreiten mit dem Horizont ihrer Beschreibung des Dritten ohnehin das Zeitalter der Kinematographie. Wenn schließlich Freddy Riedenschneider eine Figur der Montage ist, dann ist er kein Patron der Montage, schließlich geht einiges mit ihm schief. Die Scheidekunst der Montage zeigt als diagonale Praxis aber auch, dass es nicht an Riedenschneiders Mangel liegt, nicht als Patron der Montage zu taugen. Die Montage ist eine diagonale Praxis, die letztlich ohne Schutzpatron auskommen muss, dafür aber wie ein Projektil funktionieren kann. Sie kann auf solche Schutzpatrone nur zielen, sie entwerfen und reproduzieren. Aber auch so ist sie in der Lage, sehr präzise und treffend etwas über die Funktionsweisen des Rechts zu sagen. Die Montage kann sehr präzise und treffend (vom) Recht sprechen, weil sie es übertragen kann.

***

IV. Tafeln gehen

1.

Zurück, weiter. Ich komme zum letzten Beispiel der Scheidekünste, nämlich zu Tafeln, die gehen. Mit der Tafel ist kein Produkt gemeint. Auch sie ist ein technischer Vorgang, was übersehen werden kann, wenn man an das versteinerte, bronzene oder hölzerne Material von Tafeln denkt.[151] Liest man Nietzsches Kapitel über alte und neue Tafeln im Zarathustra, dann könnte man glatt auf die Idee kommen, Tafeln seien unbewegt, sie ‚gingen gar nicht', und sie würden eher noch zerbrechen als technisch vorzugehen.[152] Nietzsche, der peripatetische Denker, lässt die Tafeln nämlich nur brechen, als stünden sie jedem Gehen, jedem Vorgang (oder gar der von Nietzsche angepeilten Überschreitung) per se entgegen. Tafeln sind aber Zusammensetzungen, die technisch vorgehen, gerade weil sie etwas abbrechen. Vom mosaischen Mythos über das römische Zwölftafelgesetz[153] bis hin zu

---

[151] *Vismann,* Fluchen in Stein, in: Das Recht und seine Mittel, Frankfurt 2012, S. 101–111.

[152] *Friedrich Nietzsche,* Also sprach Zarathustra. KSA 4, München 2011, S. 246–269; zur Kunstgeschichte davor *Jonathan Ribner,* Broken Tablets. The Cult of the Law in French Art from David to Delacroix, Berkeley 1993.

[153] *Marie-Theres Fögen,* Römische Rechtsgeschichten. Über Ursprung und Evolution eines sozialen Systems, Göttingen 2003, S. 63–124.

Leibnitz' naturrechtlichen Staats-Tafeln und Hermann Jahrreiss' „System des Verfassungsrechts in Tafeln und Übersichten" hat sich die Tafel in veränderten Konstellationen immer wieder als ein dogmatisches Medium behauptet, weil sie die Trennungsmacht des Rechts und damit seinen technischen Vorgang institutionalisiert.

Die Tafel ist ein dogmatisches Medium. Sie hat sich immer wieder, über historische Brüche, Wandel und Änderungen hinweg, als solches behauptet, und das ist nicht außergewöhnlich. Wieso, ist einleuchtend. Sie leuchtet ein und nicht nur das: Sie ist deutlich. Tafeln stellen Sätze nämlich so, als ob sie stünden. Die Tafel ist eine Institution des Gesetzes, weil sie „unerschütterlich hält, was standfest errichtet ist".[154] Die Formulierung, die ich aus der Übersetzung von Emil Benveniste übernehme, scheint nichts als tautologisch. Warum sollte man unerschütterlich halten, was ohnehin standfest errichtet ist? Das ist zwar auch tautologisch, Benveniste macht in seiner Untersuchung aber deutlich, dass diese Tautologie nicht bruchlos vonstattengeht. Er beschreibt nämlich Bindungen, die gespannt sind, und zwar in einer sprachlichen Struktur, die limitiert ist.[155] Das Sprechen muss darum losgelassen werden, und das auch noch auf einer Grundlage, die unberührbar ist. Die Tafel ist darum nur die

---

[154] *Emil Benveniste,* Indoeuropäische Institutionen. Wortschatz, Geschichte, Funktionen (1969), Frankfurt/New York 1993, S. 371.

[155] Vgl. auch *Jacques Lacan,* Die Zensur ist nicht der Widerstand, in: Das Ich in der Theorie Freuds und in der Technik der Psychoanalyse. Das Seminar Buch II (1978), Berlin 1991, S. 160–173.

archaische technische Realisation des Umstandes, dass die Dogmatik mit einer Unbesprechbarkeit, nämlich mit der Voraussetzung der Sprache, anfangen muss, um ins Sprechen zu kommen. Eine Tafel ist insofern in ihrer Materialität weder satz- noch sprachförmig. Sie ist im Sprechen nicht manifestiert. Sie ist aber das nicht-manifeste Gesetz der Sprache, weil sie den „Diskurs unterbricht".[156] Mit Hilfe dieser Unterbrechung lässt sie sprechen, ohne sich besprechen zu lassen.

Die Tafel gehört mit ihrer Stellung ebenfalls zu den Scheidekünsten. Auch sie ist eine Montage, die Sätze stellt, und wieder so, als ob sie stünden. Mit ihr werden Sätze deutlich und deutbar, und zwar auf eine Weise, in der zwischen der Deutlichkeit und der Deutbarkeit keine Rangfolge, sondern eine Symbiose besteht: Je deutlicher, desto deutbarer. Wenn die Schrift ein Medium in das Recht eingeführt hat, dass gegenüber oralen Rechtskulturen exteriore Merkmale bekam und an dem die Interpretationsmöglichkeiten ‚explodierten'[157], dann lieferte die Tafel eine Fassung juridischer Unverrückbarkeit. Sie montiert nicht nur Sätze, sondern monumentalisiert sie auch. Sie schafft eine Distanz, als würde sie Sätze entfernen. Sie lässt die Sätze natürlich nicht verschwinden. Sie rückt die Sätze aber in eine Entfernung, in der sie nicht mehr verrückt werden können. Aufgrund der Tafel können Sätze noch so sehr ‚betouched' werden, sie bleiben unberührt und unberührbar. Kalte Technik, pure Ra-

---

[156] *Lacan* (Fn. 155), S. 167.
[157] *Vesting,* Die Medien des Rechts. Schrift, Weilerswist 2011S, S. 49–66; *Vismann* (Fn. 151), S. 111 spricht von einer „Kaskade".

tio. Nicht nur, dass dann vor der Tafel ein Diskurs des Rechts stattfindet. Es finden auch weitere graphologische Vorgänge statt. Die Tafel ist auch der Grund jenes Diskurses und dieser graphologischen Vorgänge. Sie ist schließlich die Stellung, in der das Gesetz auf eine Weise eingezeichnet wird, die für alle andere Weisen abschreibefähig und/oder verlautbar sein sollen.[158] Hier gibt es graphologische Vorgänge, weil sich Tafel und Abschreiben wechselseitig bedingen. So, wie die „Wand" nach der „Schrift" ruft, so ruft die Tafel nach dem graphologischen Vorgang des Gesetzes.[159]

An der Tafel wiederholt sich eine Szene, die Quintilian zum Gegenstand einer Lehre graphologischer Vorgänge gemacht hat. Die Kulturtechnik der Tafel findet in dieser Urszene Verlängerungen in Körpertechniken.[160] Nach den graphologischen Übungen, wie Quintilian sie im ersten Buch seiner Institution des Redners empfiehlt, muss ein Redner (ab-)schreiben lernen, indem er zuerst lernt, den Griffel in einer vorgezeichneten Furche zu halten.[161] Quintilians Lehre liefert sogar eine Urszene graphologischer Übungen. Nicht nur, dass er im Kontext römischer Institutionen ein erstes Manual dieser Übungen verfasste. Cornelia Vismann hat als Urszene der Kulturtechniken auch das Ziehen einer Linie bestimmt. Sie hat

---

[158] *Fögen* (Fn. 153), S. 112; *Vismann* (Fn. 151), 103 ff.

[159] *Barthes* (Fn. 2), S. 177.

[160] *Erhard Schüttpelz,* Körpertechniken, ZMK 2010, S. 101–120.

[161] *Marcus Fabius Quintilianus,* Institutionis Oratoriae, I 1 27–37.

solche Urszenen als „Macht des Anfangs" bezeichnet, um dann hinterherzuschieben, dass gelungene Gründungen immer mindestens zweimal vorkämen.[162] Das Linienziehen ist darum kein präsenter und performativer Akt, sondern schon beim ersten Mal eine mimetische Operation, die etwas doubliert und die doubliert ist. Es ist nicht nur ein Akt, der seinen eigenen Ursprung verstellt. Die Operation lässt auch den Begriff des Aktes überquellen und den Begriff der Struktur zusammenbrechen. Eine solche doublierte Beziehung findet man in Quintilians Urszene der Tafel. Er lehrt, das die Hand des kleinen, unfertigen Subjekts zu Beginn der Schreibausbildung wie in „Furchen" zu setzen sei, damit es seine Fertigkeit entwickele.[163] Dort könne es nicht aus der Spur geraten. Quintilian lies also Furchen über die Tafel ziehen, nicht nur, damit seine Schüler schreiben lernen, sondern auch, damit die Gesellschaft und das Subjekt mit dem Gesetz versorgt werden. Wenn die Schrift dann eingeübt wäre, dann könne das gewachsene Subjekt aus der Furche entlassen werden. Die Alterität des Schreibens altert dabei mit. Der ‚Stil des Rechts' ist im ersten Buch Quintilians zuerst nicht mehr und nicht weniger als ein Griffel, der im Zug der Furche gehalten werden kann. Lange bevor Juristen (wie Triepel) den Stilbegriff an die Ästhetik Kants anschließen und von dort aus sogar auf das Dogma einer sinnlichen Innerlichkeit des Rechts zielen, voll-

---

[162] *Vismann*, Die Macht des Anfangs, ZMK 2011, S. 57–68 (61).
[163] „Furche" ist die Übersetzung die Helmut Rahn wählt: *Quintilian*, Ausbildung des Redners. Erster Band (~95], Darmstadt 1988, S. 24/25.

zieht der römische stilus Körper- und Kulturtechniken, die dem Recht äußerlich sind und es doch reproduzieren.[164] Der Stil ist nicht nur ein Ding äußerer Operationen, er dient auch deren Gesten und Programmen.[165] Das aus der Furche entlassene Subjekt ist darum ein prinzipiell doubliertes Subjekt, das entweder schreibt, als ob es abschriebe, oder abschreibt, als ob es schriebe. In beiden Fällen wird das Subjekt in seiner Ausbildung zum Rechtsubjekt eine Einrichtung graphologischer Übungen und Vorgänge. Es wird ein Mime. In der graphologischen Übung ist das Subjekt so aktiv und passiv, wie es sonst nur ein Medium sein kann. „Wie in Furchen": Quintilians Vergleich, mit dem er selbst an ältere und schon in Griechenland zirkulierende Figuren der Schrift anschließt, weist darauf, dass die Schreiblinien selbst schon an einer Schnittstelle zwischen dem Materiellen und dem Metaphorischen stehen. Man könnte auch sagen: zwischen dem Realen und dem Symbolischen des Schreibens. Schreiben heißt ‚schreiben wie', es ist eine ‚analogische Operation'. Man schreibt in einem Modus des Als-ob. So, wie der erste Satz in Fritz Schulz' Kapitel über die Isolierung der Effekt einer Montage ist und Schulz' erster Satz gestellt ist, so ist auch das Subjekt der graphologischen Vorgänge ein gestelltes Subjekt. Nicht mehr und nicht weniger als Tony Shaloub und Freddy Riedenschneider ist dieses Subjekt ein Double. Wenn dieses Subjekt (lange nach Quin-

---

[164] *Heinrich Triepel,* Vom Stil des Rechts. Beiträge zu einer Ästhetik des Rechts, Heidelberg 1947, S. 109–115.

[165] *André Leroi-Gourhan,* Hand und Wort, Die Evolution von Technik, Sprache und Kunst, Frankfurt am Main 1984, S. 296 f.

tilian) durch das Schreiben autonom wurde, dann operierte es seitdem in übersetzter und überstellter Fremdbestimmung.[166]

Exkurs: Graphologische Übungen sind attraktiv, sie binden. Für das Recht war die Technik dieser graphologischen Übung attraktiv, allein schon, weil der juristische Stand damit früher oder später aus den Bindungen so natürlicher wie standesgemäßer Geburt gelöst und technisch professionalisiert werden konnte. Mit dem 19. Jahrhundert, ausgehend von den preußischen Ausbildungsreformen, schließt die Ausbildung im Schwerpunkt sogar mit graphologischen Übungen, mit Klausuren.[167] Als Rechtsbegriff taucht die Klausur allerdings schon im kanonischen Recht auf. Sie ist zuerst nicht eine schriftliche Aufsichtsarbeit, sondern eine ‚Einschließung', genauer gesagt eine gesperrte Architektur, für die Zugangs- und Ausgangsregeln bestehen (CC 597 ff.). Sie ist eine Abschirmung. Was ist der Sinn dieser Abschirmung? Die Vorschriften zur Klausur zielen darauf ab, dass das Subjekt in der Klausur zum „Zeichen der künftigen Welt" werde „und die Fruchtbarkeit eines ungeteilten Herzens" ausbilde. („signum [...] mundi futuri et fons oberioris fecunditatis in *indiviso corde*", Can. 599 C.I.C.). In der Idee des Individuums, also des unspaltbaren Wesens, dessen Fähigkeit sich heute anscheinend in Klausur entfalten soll, lebt nicht nur die Idee des ungeteilten Herzens weiter, sondern auch der Rest alter Seelsorgen, die an ein monumentales Subjekt heranführen sollen. Was nämlich auffällt, ist, dass die alten Regeln auf das ungeteilte Herz abstellen. Gleich-

---

[166] *Heinrich Bosse,* ‚Die Schüler müssen selbst schreiben lernen' oder: Die Einrichtung der Schiefertafel, in: Nanz/Siegert (Hg.), ex machina. Beiträge zur Geschichte der Kulturtechniken, Weimar 2006, S. 163–206.

[167] *Ina Ebert,* Die Normierung der juristischen Staatsexamina und des juristischen Vorbereitungsdienstes in Preußen (1849–1934), Berlin 1995.

zeitig stellen sie aber darauf ab, das diejenigen, die in der Klausur sind, ein Zeichen der künftigen Welt, also utopisch, seien. Wenn ihr Herz auch ungeteilt sein soll, so müssen sie als Zeichen etwas verdoppeln, als wären sie – verzeihen sie mir die saloppe Formulierung – ein Double Gottes. Mit ihm verwechseln dürfen sie sich nicht. Die Ungeteiltheit des Herzens wird von der kanonischen Klausur ins Jenseits der Immanenz verlegt, sie basiert insofern auf der Trennungsmacht der Klausur. Dort ist man mit Gott vereint. In der Ausbildung der Juristen werden diese Trennungen eher ausgeblendet. Und doch sondern Klausuren aus. Waren Klausuren also zunächst architektonische Einschließungen der kirchenrechtlichen Orden, haben sie im Laufe der Zeit eine graphologische Oberfläche erhalten. Mit dem Aufbau des modernen Staates und der Produktion eines Juristenstandes ist die Klausur das zentrale Element des Examens geworden. Heute bezeichnet man sie als „schriftliche Aufsichtsarbeit". Die Klausur ist heute die graphologische Übung, die mitgemacht werden muss, um Jurist zu werden. Sie ist eine Isolierung, wie diejenige, von der schon Schulz sprach. Mit ihr wird der Grundstein gelegt, schließlich Assessor oder Volljurist zu werden.

Was macht eine Tafel, eine Tafel? Mit dem medienhistorischen Wechsel von Stein und Bronze über Papyrus und Pergament hin zu Papier und Bildschirm sind die Tafeln nicht verschwunden. Sie konnten in ganz unterschiedlichem Material eingerichtet werden. Der Witz des Umstandes, dass Tafeln nicht nur ein manifestes, sondern auch ein nicht-manifestes Gesetz haben, liegt darin, dass Tafeln insofern aus konkreten und symbolischen Operationen hervorgehen. Der technische Vorgang, der für die Entfernung der Sätze sorgt, mag materiell bedingt sein. Die Scheidekunst mag mit konkret aufgestellten Bronze-, Stein- oder Holzobjekten auftreten. Aber in dem Maße, in dem die Tafel eine symbolische Operation stützt, ist sie selber eine symbolische Operation. Es ist darum nicht verwunderlich, dass es Tafeln in allen möglichen Medien gibt. Zugespitzt ausgedrückt ist es nicht die Tafel selbst, die die Tafel macht. Die Eigenmacht der Dinge ist so wenig selbstherrlich wie die Eigenmacht des Subjektes. Dinge brauchen etwas, was jenseits ihrer selbst liegt. Sie benötigen symbolische Operationen, um zum Ding zu werden. Insofern kommen Tafeln eben nicht nur in Holz, Bronze und Marmor vor. Bei aller konkreten Materialität ist ihr ursprüngliches Material auch schon symbolisch besetzt. Sie tauchen zum Beispiel in Dingen auf, die man sonst eher für Bücher halten würde. Selbst das Zwölftafelgesetz lässt sich herausgeben, und es enthält dann auch in papierner Buchform immer noch Tafeln.[168]

Insofern kommen Tafeln also auch in Buchform vor. Sie kommen sogar auch als Tabellen, Diagramme und Schemata, auf Bildschirmen und im Kino vor. Tabellen, Diagramme und Schemata stellen dann sogar noch ein mögliches Bindungsglied zwischen Dogmatik und Statistik dar. Tafeln sind insofern auf eine doppelte Weise Durchschnittstechniken. Einerseits fassen sie einen Wert, dass er so stellvertretend wird, wie der statistische Durchschnitt. So arbeiten sie an der Gliederung und Schematisierung des Rechts, seiner technischen Bearbeitungsweise und seinen laufenden Abschreibpraktiken. Es sind Schemata, anhand derer das Wissen ums Recht stellvertretend und formalisiert, also in Repräsentationstechniken eingebunden

---

[168] U. a. *Rudolf Düll* (Hg.), Das Zwölftafelgesetz, München 1944.

wird. So wird es ausgebildet. Andererseits sind Schemata auch deswegen Durchschnittstechniken, weil sie juristische Texte durchschneiden und die Grammatik insofern um eine Diagrammatik anreichern. Techniken des Durchschnitts erzeugen so magische wie ministerielle Normativitätseffekte. Wozu also die Tafel? Wozu die Klausur? Wozu der Durchschnitt und das Schema? Schreiben, um über das Schreiben hinauszuschießen, das ist der Normativitätseffekt, den schließlich schon Fritz Schulz suchte. Es geht um die Kunst, mit Hilfe eines Schnitts eine Stellung zu erzeugen.

2.

Tafeln kommen vor.[169] Hermann Jahrreiss schrieb, zeichnete und veröffentlichte 1930 im Verlag Mohr Siebeck ein Lehrbuch der Verfassung.[170] Innerhalb eines Mediums, das lehren sollte, was eine Verfassung ist, wechselte er die Techniken des Verfassens aus. Jahrreiss blieb im Buchdruck, tauschte aber den Fließtext und Fußnotenapparat gegen einen Atlas aus Tafeln und Übersichten. Das Buch sollte ein Wissen über die Verfassung generieren, ohne ihren Text zu lesen zu geben. Seine Tafeln sind Montagen: Sie gehören zu den Scheidekünsten des Rechts, mit denen das Recht nicht nur seine Unterscheidungen ausbreitet, sondern mit denen es auch bindet und fesselt. Die Tafeln und Übersichten sind ein Teil jener Techniken, mit denen Juristen fabriziert werden. Sie gehören zu

---

[169] Das Folgende ist bereits Teil der Überlegungen in *Steinhauer,* Montagen des Rechts, ZfM 2014, S. 111–123.
[170] *Jahrreiss,* System des deutschen Verfassungsrechts in Tafeln und Übersichten, Tübingen 1930.

einer Ausbildungsliteratur, wie sie mit ihrem Versprechen der ‚Beherrschbarkeit' einer überwältigenden Menge an Lehrstoff den deutschen Juristen auf ihrem Weg zum „Volljuristen" bis heute angeboten wird. Für eine Geschichte und Theorie juristischer Kulturtechniken ist das Buch interessant, weil es im trivialen Ausgangspunkt institutioneller Medien liegt. Es diente der Vorbereitung auf das Staatsexamen. Es ist eine Institution, weil es auf den juristischen Stand vorbereitete. Die Welt ist im Fall und darum müssen Juristen ausgebildet werden. Wenn man so jemanden ausbildet, dann muss man auch ein Gesetz ausbilden.

Verfassungen verfassen. Die Verfassungslehre hat eine ausgefeilte Dogmatik über das, was Signaturen und Kontrasignaturen sind.[171] Sie ist aber keine Theorie des Verfassens. Sie blieb für das Buch blind und setzte die „Konstitution der Moderne" fort.[172] Das heißt: Sie fokussierte weiter eine Verfassung, die in die Welt kommt, indem sich Recht und Politik „koppeln" und so das Ereignis eines so genannten „verfassungsgebenden Momentes" eintritt; danach ist die Verfassung eine „Errungenschaft", aber kein technischer Vorgang mehr.[173] Die Verfassungslehre beschäftigte sich also nicht mit dem Verfassen. Sie interessiert sich nicht dafür, wie Bücher erscheinen, weil sie Zeichnungen, Striche und technische Reproduktionen ohnehin für unerheblich hält. Während die Rechtsge-

---

[171] *Steinhauer,* Medienverfassung (Fn. 24).
[172] *Bruno Latour,* Wir sind nie modern gewesen. Versuch einer symmetrischen Anthropologie, Frankfurt 2000, S. 22.
[173] *Niklas Luhmann,* Verfassung als evolutionäre Errungenschaft, RJ 1990, S. 176–225.

schichte das Wissen um die „Hilfswissenschaften des Rechts" bis heute hoch hält, gilt es umso weniger, je näher man dem geltenden Recht kommt. Es ist fast so, als wollten die Produzenten des geltenden Rechts nichts von ihrer Kompetenz an die Techniker abgeben, selbst wenn sie deren Techniken nutzen. Bis heute zielt die Verfassungslehre zentral (und fast ausschließlich) auf etwas, was Armin von Bogdandy und Ingo Venzke mit dem Schlagwort der „semantischen Macht" bezeichnen.[174] Die soll sich durch Begriffsbestimmung erhalten. In ihr soll sich der politische Wille mit der Rechtsform verbinden.

Jahrreiss hat andere Züge gemacht, archäologisch und ästhetisch. Mit seinem Medienwechsel rückte er graphologische Vorgänge auf die Oberfläche eines Buches. Und obschon hier stumme Prozeduren des Wissens auf die Oberfläche der Verfahrenslehre rückten, rückten sie nicht ein in das, was die Rechtswissenschaft unter Explikation versteht. Nichts von diesem Wechsel wurde zum expliziten Begriff. So blieb das Buch unterhalb der Schwelle, die rechtswissenschaftliche Aufmerksamkeit auslöst. Man könnte auf die Idee kommen, dieses Buch als Flop zu bezeichnen. Und doch macht dieses Buch das, was das Recht im Alltag macht. Auch wenn dieses Buch seine Idiosynkrasien nicht erfolgreich in ein juristisches Selbstverständnis verwandelt hat, werden an ihm kulturtechnische Konditionen des Rechts deutlich: Das Recht bestimmt zwar, was Recht und was Unrecht ist.

---

[174] *Armin von Bogdandy/Ingo Venzke,* In wessen Namen? Internationale Gerichte in Zeiten globalen Regierens, Berlin 2014, S. 152–154.

Das Gesetz bestimmt zwar, wer oder was gesetzlos ist und wer oder was unter das Gesetz fällt. Die darin liegende Aporien und Tautologien gehen aber nicht bruchlos vonstatten. Es ist nämlich auch etwas anderes als Recht und Gesetz, das Recht und Gesetz überträgt und es ist etwas anderes, was sie übertragen. Kurz gesagt ist die Übertragung verfremdend.

Kulturtechniken schaffen Quasiexteriorität. Jahrreiss, der bald auch in den Strömungen der Staats- und Völkerrechtsrechtslehre mitschwimmen sollte, von 1932 an in Greifswald und 1937–1962 in Köln Öffentliches Recht und Völkerrecht lehrte sowie Angeklagte in den Nürnberger Prozessen mitverteidigte, dann schließlich nach dem Krieg als Rektor der Universität Köln und Präsident der Westdeutschen sowie der Europäischen Rektorenkonferenzen noch zu einigen internationalen Ehren kam, war zumindest mit dieser Produktion ein Außenseiter.[175] Und doch markierte es den Alltag von Jahrreiss' Lehre. Das Buch blieb als äußeres und alltägliches Ding stehen. Es ist ein Fall von ‚Quasiexteriorität', d.h. dass das Buch zu

---

[175] Zu seiner Verortung im Kanon des öffentlichen Rechts u.a.: *Michael Stolleis,* Die Geschichte des öffentlichen Rechts Bd. 4, München 2012, S. 58 („ohne sich dem Regime verschrieben zu haben […] eine eindrucksvolle Gestalt mit ausgeprägt musischen Interessen"); *Klaus Stern,* Hermann Jahrreiss. Persönlichkeit und Werk AöR 119 (1994), S. 137–155; grundlegend zur Biographie und ihren Wendungen *Annette Weinke,* Hermann Jahrreiß (1894–1992). Vom Exponenten des völkerrechtlichen ‚Kriegseinsatzes' zum Verteidiger der deutschen Eliten in Nürnberg, in: Augsberg/Funke (Hg.), Kölner Juristen im 20. Jahrhundert, Tübingen 2013. Dort findet sich eine Analyse seiner Positionen und Kompromisse.

den äußeren Dingen des Rechts gehört, die auch die „äußersten Dinge" sind, aber nur, weil es keine noch äußeren gibt.[176] In Anbetracht dieses leinengebundenen Buches und der Goldprägung von Transzendenz zu sprechen, hätte etwas Lächerliches. Das Buch kommt an die Grenzen der Rechtswissenschaft, überschreitet sie und operiert mit einem ‚Jenseits' des Rechts und seines Wissens. Und doch muss man darin eher den Alltag als ein heiliges Ereignis oder gar den ereignishaften Einbruch eines Anderen des Rechts sehen. Es ist bestimmt nicht heilig, aber ebenso bestimmt ‚quasiexterior'. Es liefert gemachte Transzendenz. An Stellen wie einem solchen Buch reproduziert, stabilisiert und verschiebt das Recht nur seine Grenzen, aber immerhin. Es schafft damit sein eigenes Distinkte. So äußert sich eben das Recht, so scheidet es.

3.

Man muss nochmal auf Jahrreiss zurückkommen. Jahrreiss' Lehrbuch wurde bisher im Kontext der Literatur zur Rechtsästhetik rezipiert und stieß dann auf Ratlosigkeit.[177] Der Kollege Heinrich Triepel lobte ihn 1946 kurz und schal, also mit deutlicher Abfertigung:

---

[176] *Emmanuel Levinas,* Totalität und Unendlichkeit. Versuch über die Exteriorität, Freiburg/München 1987.

[177] *Heinrich Triepel,* Vom Stil des Rechts, Heidelberg 1947 S. 48; *Daniel Damler,* Der Staat der klassischen Moderne, Berlin 2012, S. 46. Zu den Schwierigkeiten einer Rechtsästhetik u. a. *Helge Dedek,* Die Schönheit der Vernunft – (Ir-) Rationalität von Rechtswissenschaft in Mittelalter und Moderne, Rechtswissenschaft 1 (2010), S. 58–85 (69).

„Bezeichnend ist, daß vor nicht langer Zeit ein Staatsrechtslehrer ein ganzes Lehrbuch des deutschen Staatsrechts in der Form von Zeichnungen abfassen zu können geglaubt hat, so daß das Ganze fast die Gestalt eines geometrischen Bilderbuchs erhalten hat."[178]

Triepel führte das Signifikante des Lehrbuchs auf einen „Punkt" zurück, an dem die Wissenschaft einer „ausgesprochen ästhetischen ‚Bildgebung'" bedürfe.[179] Er stellte den Begriff der Bildgebung in Anführungszeichen. Nicht, dass er damit den Mystiker Heinrich Seuse zitieren wollte (in dessen Schriften der Begriff früh belegt ist, der aber bei Triepel keine Rolle spielt). Er wollte eher einen Neologismus markieren. Das Wort, das so nahe zur ‚Gesetzgebung' liegt und schon darum für eine juristische Ästhetik attraktiv schien, war in den 40er Jahren völlig unüblich und wurde erst später wieder, in den medizintechnisch orientierten Bildwissenschaften der frühen 70er Jahre gebräuchlich. Jahrreiss wurde also hervorgehoben. Triepel widmete ihm ein damals unverbrauchtes Wort, weil dieser Autor scheinbar neue, außergewöhnliche und notwendige Rechtsfabrikation betrieb. Man kann darin durchaus so etwas wie Wertschätzung sehen. Daneben blieb aber noch jenes abschätzige Urteil, mit dem *Triepel* dann schrieb, der Zeichner habe „zu können geglaubt." Gleich im Satz darauf sprach er dann von der Gefahr, mit der „vorgestellten Körperlichkeit rechtlicher Verhältnisse allzu sehr Ernst [zu] machen".[180] Bilder sollten viel-

---

[178] *Triepel* (Fn. 177), S. 48.
[179] *Triepel,* ibid.
[180] *Triepel,* ibid.

leicht sein, aber doch nicht zu sehr. Das war es also dann mit der Rezeption, Triepel ging nicht weiter auf dieses Buch ein. Daniel Damler hat Jahrreiss in der letzten Zeit als „Feindbild der neuen Sachlichkeit" mit ein paar Sätzen behandelt. Einerseits sieht er dessen Diagramme als getreue Abbildungen der Komplikationen einer Weimarer Verfassung, andererseits erzählt er den kunstgeschichtlichen Mythos der klassischen Moderne, die ‚wir' gewesen seien, für das Recht weiter.[181] Er legt also mit einem Vergleich ästhetischer und juristischer Kategorien nahe, die bekannten Vertreter der Weimarer Verfassungslehre wie Carl Schmitt und Hans Kelsen seien Verfechter jener nüchternen Form gewesen, die ganz bei sich bleiben könnte und jede Verzierung abweise, und gerade das mache ihren so modernen wie repräsentativen Status aus. Eine Lektüre von Jahrreiss wird aber zeigen, dass er so verziert wie modern war. Vielleicht passte der außerordentliche Professor nicht ins angelegte Raster, auf jeden Fall brach die Auseinandersetzung bisher immer nach zwei, drei Sätzen ab. Man kann fast sagen, dass sich die ästhetische Auseinandersetzung hier wieder einmal gerade durch ihre Ratlosigkeit und ihren Abbruch als das behauptet hat, als was sie begonnen hatte, nämlich als unterstützende Lehre der Urteilskraft. Die Ästhetik kam zumindest nur zu dem bestätigenden, juridischen Urteil: Jahrreiss gilt nichts.

4.

Jahrreiss nahm sich die Verfassung vor. Sie sollte systematisch schematisiert werden. Der Zeichner sig-

---

[181] *Damler* (Fn. 177), S. 107 f.

nalisierte, dass ihr System nicht aus jener einheitlichen Logik gewonnen werden sollte, die majestätisch und prinzipiell ist und damit keine Widersprüche duldet. Sie sollte aus der Tafel und der Übersicht gewonnen werden. Das Buch hat ein Schriftbild, also eine im weiteren Sinne diagrammatische Dimension. Es ist von zahlreichen Schautafeln durchzogen. Sie enden nach 144 Seiten in zwei ausklappbaren Tafeln im Anhang. Warum diese beiden Tafeln für den Anhang ausgewählt wurden, wird weder von Jahrreiss erklärt noch nachvollziehbar. Auf jeden Fall sollte das Buch mit gefalteten und ausklappbaren Tafeln enden, egal welche der zahlreichen dafür in Betracht kommenden Tafeln dann dafür ausgewählt wurden. Andere Tafeln im Buch sind genauso groß, manche sind komplexer. Der Produktionsvorgang des Buches hatte sich aber von der Semantik der Verfassung unabhängig gemacht und verfolgte einen eigensinnigen Verfassungsvorgang, dessen Schluss- und Höhepunkt auf einer außersemantischen und operativen Ebene das Falten und Klappen selbst ist. Hauptsache war, so scheint es, dass irgendetwas am Schluss kulminierte, indem es aus- und einklappbar wurde. Es ging dem Zeichner insoweit nicht um den Verfassungstext und um einen begrifflichen Schlusspunkt. Die semantische Freiheit dieser Entscheidung verweist eher auf das Interesse an der Produktion normativer Effekte und die Idee, dass diese Produktion durch Operationen erfolgen muss, in denen der Nutzer des Buches etwas in die Hände bekommt und dann mitfaltet.

Das Lehrbuch ist in seiner Idiosynkrasie stecken geblieben. Seine Bildsprache hat keine Nachahmer gefunden. In ihm steckt wenig, was auf den Begriff der Geltung zu bringen wäre. Seine Lehre war schon wegen der gering verbreiteten Auflage wenig exemplarisch. Dafür steckt aber ein symptomatischer Teil der graphologischen Vorgänge darin, die das Recht auszeichnen. Das Buch ist ganz offensichtlich dasjenige geblieben, was seit *Rudolf von Jhering* mit dem Begriff der Scheidekunst als technischer Vorzug des Rechts gelobt wird. Es ist sonderbar geblieben. Die Tafeln sind schwer zu lesen. Als hätte Jahrreiss aus der Not eine Tugend machen wollen, legte er in der Einleitung das Idiosynkratrische seiner Diagramme als Kern der Übung frei:

„Diese Darstellungstechnik mag fürs erste das Einlesen erschweren (das Buch wird aber wirklich nutzen nur dem, der gewillt ist, sich Satz für Satz einzudenken); dafür dürfte derjenige, der sich einmal den Zugang verschafft hat, für die Folge umso rascher vorankommen. Für diejenigen, die auch mit den Augen begreifen, sind die Zeichnungen bestimmt […] Meine Zeichnungen wollen dabei ebensowenig wie das Buch mit volkstümlichen Darstellungen in den Wettbewerb treten; es wird darum auch keinerlei Zugeständnis an die Erfordernisse volkstümlicher Darstellungsweise gemacht; mindestens in einigen Fällen sollen die Zeichnungen auch selbstständig Erkenntnis fördern (vgl etwa S. 38).

[…] Das Buch verzichtet auf Anpreisen und Verdammen gewordener Ordnung, ob sie früher galt oder jetzt besteht. Und der Zukunft will es dienen, wenn es nicht mittut bei dem immer wiederholten Weitergeben vertrauter Worte, hinter denen keine Vorstellung lebt oder ungeschieden verschiedene Vorstellungen stehen, bei dem immer wiederholten Weitertragen beliebter Schein- und geübter Suggestivfragen, bei dem immer wiederholten Predigen gläubig verehrter Scheinaxiome und Erbmasse gewordener Fehlschlüsse."[182]

Ein falscher Schein musste weg, die richtige Übersicht musste her. Seine Vision hing aber nicht an der Zugänglichkeit der Tafeln. Die Sicht sollte in graphologischen Übungen erst allmählich erreicht werden. Man muss die Vorstellungen scheiden. Nicht unbedingt mit der Hand, aber unbedingt mit dem begreifenden Auge müssen diese Tafeln nachgezeichnet werden. Das Eindenken, von dem der Zeichner sprach, hat etwas vom Einschluss einer Klausur, es ist Teil einer Scheidekunst juristischer Montagen, die geübt werden muss. Die selbständige Erkenntnis, auf die Jahrreiss hinaus wollte, geht nämlich mit einer trotzigen Überstellung einher: Die Tafel kann dem Nutzer dabei nicht entgegenkommen. Tafeln sind Montagen, also Stellungen, die das, was sich auf ihnen verdichtet, in Entfernung rücken. Tafeln montieren nicht nur Sätze, sie monumentalisieren sie auch, weil sie das Eingezeichnete und Eingeschriebene in eine unberührbare Entfernung rücken. Sie gehen technisch vor, weil sie den Diskurs unterbrechen. Sie lassen sprechen, lassen sich aber nicht besprechen. Dass der Umgang mit einer Tafel eine Klausur ist, ist nicht metaphorisch zu verstehen, weil dieser Umgang exakt einer Übung entspricht, die ihren Nutzer aussondert. Hat er sich eingedacht, nimmt er zwar an der Idiosynkrasie der Tafel teil. Er gewinnt dafür aber ihre Selbstverständlichkeit. Eine solche Passage, oder eben „Zugang", wie Jahrreiss sagt, muss der Jurist ja ohnehin durchgehen, um an der Isolier- und Sondierungskunst des Rechts teilhaben zu können. Man muss die Eigenheiten des Rechts ja ohnehin mitmachen.

---

[182] *Jahrreiss* (Fn. 170), VII f.

Ins Recht muss man sich eindenken, und das will geübt sein. Jahrreiss hob hervor, wie wichtig es sei, den Stoff zu verfremden. Er entwarf ein Programm, nach dem es ihm nicht um bruchlose Übertragungen des Verfassungsrechts ging, also nicht um etwas, dass man High Fidelity nennen könnte. Der Nutzer sollte die Erstarrungen der anderen Lehrbücher durchbrechen, um mit der Verfremdung eines Stoffes, der längst zur hohlen Form verkommen sei, einen Lernerfolg zu erreichen. Er setze zwar auf Beschleunigung, aber nicht darauf, dass sein Buch von Anfang an verständlich wäre. Er bestand darauf, dass erst mit einer Kombination aus Austritt und Eindenken eine bessere Verfassungslehre zu erreichen sei. Erst so entsteht für *Jahrreiss* ein ‚Mehr-als-Form', als läge auch darin die Triebfeder seines Verfassens.[183] In der Zeit, als der russische Formalismus, dessen konstruktivistische Bildsprache *Jahrreiss* in schwarzen Punkten und Pfeilen vereinzelt übernahm, mit ähnlichen Argumenten ein Programm der Verfremdung entwickelt hatte, verfremdete auch Jahrreiss.[184]

5.

Die Tafeln haben eine Ikonographie. Dass Jahrreiss das Wort Republik durch das ganze Buch hindurch sorgfältig vermied, aber immer wieder vom „Reich" sprach, war kein Zufall. Auch zu den Freiheitsgaran-

---

[183] Vgl. zum ‚Mehr-als-Form' *Alenka Zupančič,* Das Reale einer Illusion. Kant und Lacan, Frankfurt 2001, S. 20–30.

[184] *Victor Shklovskij,* Kunst als Verfahren (1916), in: Striedter (Hg.), Russischer Formalismus, München 1994, S. 2–35 (15).

tien gab es keine Tafel. *Jahrreiss* verfolgte weder ein demokratisches noch ein liberales Programm. Sein Leitinteresse war organisierte Geopolitik im Namen des deutschen Volkes. Er konzentrierte sich darauf, die Gliederungen der Herrschaftsorgane und die dort verlaufenden Kräfte der Verfassung nachzuzeichnen. Er lieferte, in immer neueren Variationen, Vektoren. Den Tafeln sind Räder, Hebel und zentrisch zulaufende Bündelungen eingezeichnet. Jahrreiss zeichnete im Rahmen der Maschinen- und Textmetaphorik: Textilmaschinen. So fand er eine Bildsprache für das, was *Gilles Deleuze* später im „Postskriptum über die Kontrollgesellschaft" als „Gesellschaftsformation" und an einer historischen Kombination aus Souveränitäts- und Disziplinargesellschaften ausgemacht hat.[185] Die ikonographische und metaphorische Dimension der Tafeln ist kommentierungswürdig, würde aber den Rahmen sprengen. Stattdessen soll ein Blick auf das eigene Sekret des Zeichners gelegt werden. Besonders in den Beschriftungen und in einem Diagramm zum Staatsministerium kann man rekonstruieren, wie dieses Lehrbuch verfasst wurde.

Das aufwendig gestaltete Buch ist von ungleichmäßigen Beschriftungen durchzogen. Den Textilmaschinenbildern haftet etwas Manuelles an, das nicht nur an ihren Bediener erinnert, sondern auch an die Herkunft der Industrie aus der Regsamkeit und dem Überschuss. Die Schrift ist manuell, ohne eine Handschrift zu sein. Sie besteht aus musterhaften Buchsta-

---

[185] *Gilles Deleuze,* Postskriptum über die Kontrollgesellschaften, in: Unterhandlungen 1972–1990, Frankfurt am Main 1993, S. 252–264 (259).

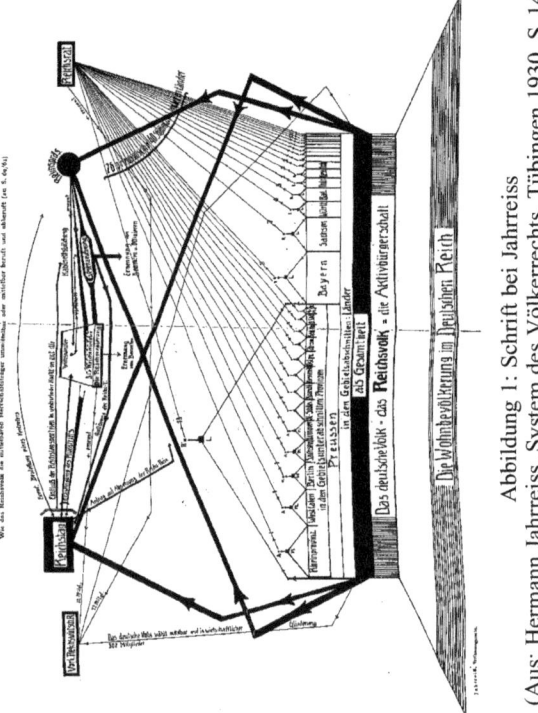

Abbildung 1: Schrift bei Jahrreiss
(Aus: Hermann Jahrreiss, System des Völkerrechts, Tübingen 1930, S. 145)

ben, deren Gestaltung sich zwar an Schrifttypen des Jugendstils orientiert. Sie ist aber weder gleichförmig noch persönlich, weder Handschrift noch Typographie, weder zittrig noch ruhig, nicht gesetzt sondern gezeichnet. Mit dieser Schrift gehört das Buch in den Bereich des Faksimiles. Das Lehrbuch ist ein faksimiliertes Manual, und es führt ein Gebot des Ähnlichmachens vor. Mit der Struktur eines Chiasmus verschaltet diese Graphologie gegenläufige Figuren des Staatsrechtsdiskurses, wie etwa den Gegensatz von Körper und Maschine. Das Schreiben ist hier ein graphologischer Vorgang, der nicht gestillt wurde.

Die Tafeln verdichten trotz der ungestillten Schrift etwas. Sie sind von etwas gezeichnet, das außerhalb der Ordnung und außerhalb der Verfassung liegt. Die Übersichten stecken voller Versehen. Wenn diese Tafeln eine Verfassung haben, dann liegt das sogar an einem konstitutiven Versehen. Etwas, das drängt, dichtet die Tafeln. Ein herausragendes Beispiel ist dafür diejenige, die Jahrreiss zum Staatsministerium zeichnete. Bei der Redaktion wurde übersehen, dass sie auf der rechten und auf der linken Seite abbricht. Pfeile, die von einer Zone außerhalb des Schemas kommen, drängen links und rechts ins Bild.

Im Zentrum des Bildes finden sich umrandete Zone, teils leer, teils mit Auslassungspunkten gefüllt, in allen Fällen unerläutert. Obschon der Rahmen der Tafel links und rechts porös durchbrochen wird und im Kern Leerstellen hocken, ist sie in den typographischen Raum des publizierten Lehrbuches aufgenommen worden. Das hat etwas von jener Grundlegung des Rechts, in der ein Rest liegt, der weder tilgbar ist

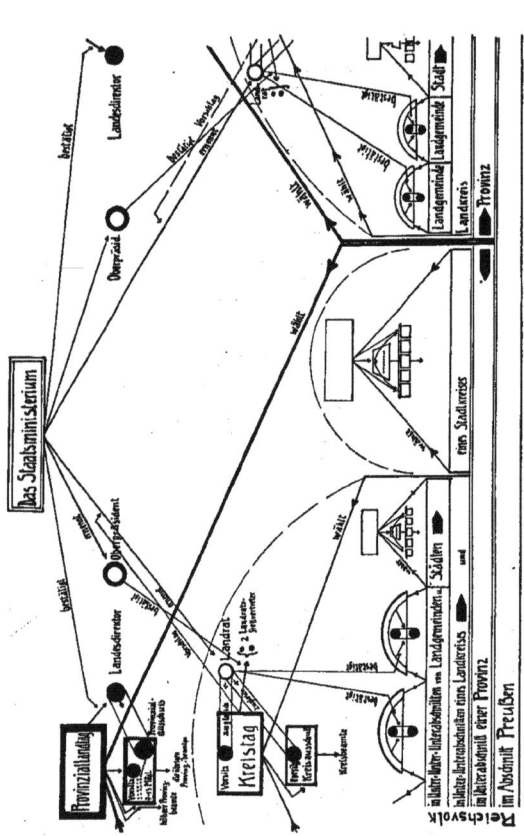

Abbildung 2: Staatsministerium
(Aus: Hermann Jahrreiss, System des Völkerrechts, Tübingen 1930, S. 89)

noch zur Ruhe kommt. Als Teil der Schreibpraxis gehört diese Dimension zur Magisfunktion des Rechts, also zu einem ‚Mehr-als-Form', mit dem das geschriebene Recht über das Schreiben in einer Weise hinausschießt, der eine Überstellung ins Normative entspricht. Das Material des Diagramms wird ausgerechnet dort zu einer normativen Äußerung, wo es abbricht und dennoch weitergereicht wird. Ausgerechnet im Diagramm des Staatsministeriums wird angezeigt, dass an den Bruchstellen etwas Drängendes und Dichtendes sitzt. Es rührt nicht nur von einem Außerhalb des typographischen Raums, sondern auch von einem Außerhalb des souveränen Bewusstseins. Diese Bruchstellen sind ‚Sollbruchstellen', weil an ihnen das Schreiben abbricht und das Material geschnitten wird, um zur normativen Äußerung zu werden. *Hier* findet ein Schnitt zwischen Sein und Sollen statt, *dort* kommt das Soll in den Vorgang des Schreibens. Der Übergang zwischen hier und dort sitzt also exakt in den Schnitten, die das Diagramm macht und mit denen es gemacht ist. Die Tafel zum Staatsministerium rückt damit nur noch ein zweites Mal Symptome auf die Oberfläche, die ohnehin im graphologischen Vorgang der Tafel liegen. Das Gesetz der Tafel generiert sich über eine Ausscheidung, die etwas von dem Sekret im Recht übrig lässt und dort einschließt. So dichtet sich das Recht und wird gründlicher, gründlicher als ohne Verfassung. Im Recht bleibt dann aber auch ein untergründlicher Rest von dem, was von ihm ausgesondert wurde. Das Gesetz hängt am Versprechen einer Verknappung, das es gar nicht einlösen kann. Es rührt aus einer Limitierung, die eine Triebfeder des Gesetzes ist.

Dass ausgerechnet die Tafel zum Staatsministerium dem erliegt, ist Koinzidenz, zumindest wenn man an die Herkunft des Ministeriums aus den stimmlosen Helferlein und unsichtbaren Dienern denkt.[186] Als Jahrreiss das publizierte, war er nicht Herr im eigenen Haus. Die Tafel bordet über und Jahrreiss stand unter ihrem Bann. Wenn man darin eine Kraft erkennen möchte, dann liegt der archimedische Punkt dieser Kraft zwischen Subjekt und Medium und in einer äußeren Zone, von der aus auch die Linien drängen. Es ist ein Punkt, der von außerhalb des souveränen Bewusstseins kommen mag, aber dann doch in die souveränen Beziehungen zwischen Subjekt und Medium eingespannt ist.

6.

Die Dogmatik spiegelt. Es gab eine Tafel, die den Autor besonders bewegte und die er nicht nur 1930, sondern auch in einem späteren Buch noch einmal verwendete.[187] Schon in der oben zitierten Einleitung des Buches hatte er die Seite dieser Tafel (S. 38) als besonderes Beispiel seiner Methode des Eindenkens hervorgehoben. Auf ihr fand sich ein Phantasma: Europa sei symmetrisch, habe durch eine Faltung eine Achse erhalten, werde dank dieser Faltung gespiegelt und geordnet. So lauten die drei Kernideen dieses Motivs. Falten-Spiegeln-Ordnen: Das sind die drei Grundoperationen, mit denen Jahrreiss ein Makrosubjekt seiner Gesetze einführte, nämlich Europa.

---

[186] *Vismann,* Akten (Fn. 13), S. 52.
[187] *Jahrreiß* [so im Original, FS], Deutschland und Europa (1939), Köln 1941, S. 64.

Die Karte Europas ist hier so gestellt, daß Europa als Halbinsel Asiens mit der Basis Ural und der Achse Jekaterinburg (Swerdlowsk) – Moskau – Madrid erscheint.

1. Die Gliederung des Raumes durch das Meer ergibt eine überraschende Symmetrie.

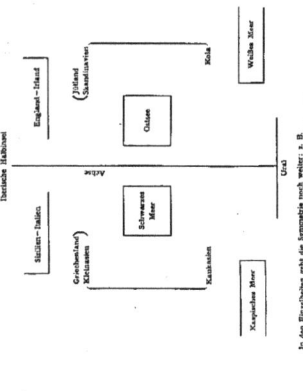

Sizilien – Italien		England – Irland
Griechenland Kleinasien	Iberische Halbinsel	(Jütland) Skandinavien
	Achse	
	Schwarzes Meer	Ostsee
	Ural	Kola
Kaukasus		
Kaspisches Meer		Weißes Meer

In den Einzelheiten geht die Symmetrie noch weiter; z. B. Sardinien-Korsika – Bretagne-Normandie Odessa – Riga (der »Ortweg«)

2. Dieser Raumorganismus entspricht eine starke Symmetrie der großen Linien der Organisationsgeschichte Europas, die hier nur angedeutet werden kann:

a) Stöße und Gegenstöße in der Achsenlinie, in beiden Richtungen gelegentlich Europa überschreitend: als Barrieren die Pyrenäen, Rhein, Elbe, Oder, Weichsel, Düna-Dnjepr-Bug. Alpen und Karpathen dagegen dabei die Achse häufig Rücken oder Stütze, oft auf die rechte Flanke ab, damit auch auf Kaukasusspiel. N z u i e. Rhein (Lorrain-Westfalen; vgl. unten S. 168f.), Oder (Kampf um ein Ost-Lothringen), Donau-Dnjepr-Bug (Donauslawisches Westeuropa. ←→ Sowjet-Osteuropa, insgesamt als der Grenze des eigentlichen Europa bezeichnet, der »Ostweg« der Warjager [Wikinger] u. unten 6).

b) Stöße von der Achse nach den Randgebieten und umgekehrt; z. B.:
Spanien
Italien ←→ Frankreich ←→ England
Deutschland

Weiter: Krim ←→ Moskau ←→ Ostsee; Türkei ←→ Mitteleuropa ←→ Schwedisch; Kreuzzüge; Berlin – Bagdad.

c) Umfassung und Durchdringung: Deutsches und Wikinger. (»Nordweg«)

d) Weltverkehr: Rom (Italien, als abwiegendes Mutter Europas in der linken Flanke) ←→ England (das Gegenstück für die rechte Flanke).

Abbildung 3: Europa
(Aus: Hermann Jahrreiss, System des Völkerrechts, Tübingen 1930, S. 38/39)

Symmetrie, Faltung und Spiegelung sind erst nach einer Einübung zu erkennen. Auf der linken Seite läuft eine Falte durch eine Gestalt, die auf den ersten Blick vielleicht Ähnlichkeiten zu Klecksen (wie etwa denen des Rohrschachtests), aber nicht zu Europa hat. Eine zweite Falte rührt aus der Buchbindung. Die dritte Falte findet sich auf der rechten Seite, sie ist eine Wiederholung der ersten Falte. Dort hat *Jahrreiss* ein abstraktes Schema Europas eingezeichnet. In einer Publikation von 1939 bildet dieses Motiv das Schlussbild zu einem Abschnitt, den er „Das dritte Europa – der politische Kontinent" nannte.[188] Sein Drittes ist eine Mischung aus Territorium und anthropomorpher Gestalt, also ein erdig-menschliches Mischwesen. Das Dritte ist ein Monster, dessen Monstrosität durch Übung in ein ordentliches Zeigen verwandelt wird, weil es dann gefaltet, symmetrisch und gespiegelt ist. Dieses dritte Europa ist eine Hyperreferenz, also eine Einrichtung, die dem Text Referenzen gibt, ohne selbst eine auszufüllen. Sie taugt als Variable. Ab 1939 bezog er sie auf den „Berliner-Drei-Mächte-Pakt", also einen Pakt, der wegen des Einbezugs Japans im Bild gar nicht vorkommt. 1930 wurde diese Aktualisierung von ihm noch nicht anvisiert. Geschmeidig wie Hyperreferenzen sind, bezog er sie 1930 auf eine unbestimmte Größe, die der Verfassung Deutschlands vorausgehen und Kontur geben sollte. Das ist ihre Funktion: Grund zu geben und damit das monumentale Subjekt des Gesetzes zu stellen.

Verfassungen, so erklärt er, fußen auch auf einem „Verbands g e b i e t" [Sperrung im Original, FS].

---

[188] *Jahrreiss* (Fn. 187), S. 60 ff.

Jahrreiss, der einer der ersten Staats- und Völkerrechtler in Deutschland war, der Rudolfs Kjelléns geopolitisches Programm vom „Staat als Lebensform" weiterempfahl, zeichnet für die Lebensform eine große Gestalt. Während er die übliche kartographische Darstellung um 90 Grad drehte, blieben die Buchstaben in einer Position, mit der das Buch nicht gedreht werden musste. Es ging Jahrreiss ganz explizit darum, Europa aufzustellen. Auf diese Weise, so schrieb er, sei die

„Karte Europas [...] so gestellt, dass Europa als Halbinsel Asiens mit der Basis Ural und der Achse Jekaterinenburg (Swerdlowsk) – Moskau – Madrid erscheint."[189]

Nicht nur, dass Europa nun eine Stellung war. Diese Montage war nicht nur implizit, sondern auch explizit gestellt und aufgerichtet, hatte nun Basis und Kopf. Wenn das Bild Europas durch den Wechsel von der Horizontalen in die Vertikale von der Gattung der Landschaft in die Gattung eines Quasiportraits aufrückte (und ganz deutlich Subjekt und Grund in eins setzte), dann kam noch etwas dazu, dass die Technik der Kartographie mit einer dogmatischen Anthropotechnik verknüpfte, nämlich der Spiegelung.[190] Was südlich dieser Achse liege, werde immer nördlich „gespiegelt", schrieb *Jahrreiss*. „Sizilien-Italien" sollte durch „England-Irland" gespiegelt werden. „Griechenland Kleinasien" sollte „Jütland Skandinavien", das Schwarze Meer sollte die Ostsee, das Kaspische

---

[189] *Jahrreiss* (Fn. 170), S. 39.
[190] *Legendre,* Gott im Spiegel (1997), Wien 2011, S. 179 f.

Meer sollte das weiße Meer und schließlich sollte Odessa Riga spiegeln. Kurz gesagt: Alles in Europa sollte gespiegelt sein und gespiegelt werden.

Das Dritte ist eine Chimäre. Sie hat einen wuchernden Kopffortsatz, als würde hier etwas auf unentschiedene Weise, zwischen Erde und Anthropomorphismus, Mimikry betreiben. In dem Text von 1939 wird das Anthropomorphe der Gestalt grell herausgestellt. Den rechten Teil nannte er dort eine „Körperhälfte Europas". Die Falte bezeichnete Jahrreiss nicht nur als das „Rückgrat" Europas, er markierte das auch noch im Ton der Ewigkeit als souveräne Deklaration: „Wir bezeichnen sie für alle unsere künftigen Erklärungen als das Rückgrat Europas".[191] Die Achse ist ein stabiler Nervenkanal. Tatsächlich soll sie die Nerven kanalisieren. Mit ihr komme nämlich „eine seltsame Ordnung in das zerrissene Bild, das wir sonst von Europa haben".[192] Hier wird der Riss zur Falte. In der Theorie und Geschichte des Scheidens gibt es einige scharfe Wendungen, und Jahrreiss ist ein Fall, an dem man auch einen Wechsel von Rissen zu Falten beobachten kann. Wenn der Nutzer die graphologische Übung der Spiegelung ausführt, also aus der nervösen Unruhe unfixierter Augen in eine Rast wechselt, das Bild fixiert und so die zerrissene als geordnete Gestalt erkennt, dann hat er diese Tafel so genutzt, als ob er etwas wiedererkannt hätte. Er hat sich eingedacht. Die Blickführung ist dabei auch ganz deutlich auf eine mimetische Operation

---

[191] *Jahrreiss* (Fn. 187), S. 21.
[192] *Jahrreiss* (Fn. 187), S. 21.

angelegt. Wenn Mimesis auch nicht von sich aus Mimesis ist, sondern selbst wieder Kulturtechniken braucht, die eine Praktik zur mimetischen Praktik machen, dann haben wir hier so einen Fall, der genau das macht. Wenn die Tafel Teil einer Mediation ist, die ihre Nutzer etwas machen lässt, dann lautet ihr Ordnungsgebot an diese Nutzer nämlich: ‚Blicke so, als ob du spiegelst. Denke dich so ein, als ob du wiedererkennst'. Das Mimetische wird hier selbst signifikant und symbolisiert. Selbst wenn das keine Nachahmung wäre, so tritt es doch als eine auf. So kann der Nutzer sogar noch die Umgestaltung von etwas wiedererkennen, was früher als Monster galt. Er kann eine verrückte Ähnlichkeit zum Titelblatt von Thomas Hobbes' Leviathan wiederkennen, auf dem sich die Figur über einer Landschaftsszene aufstellt, um Monstrum eines monumentalen Subjekts zu sein. Wo der Leviathan seinen linken Arm streckt, um das Schwert zu halten, da liegt bei Jahrreiss Kleinasien, nun keine Landstrich mehr, sondern ein Körperglied. Wo der Leviathan seinen rechten Arm anwinkelt, um den Bischofsstab zu halten, das liegt Skandinavien, ein weiteres Körperglied. Europa posiert hier, und Karelien wird glatt zum Bizeps. Früher oder später geht die Phantasie vielleicht mit dem Nutzer durch. Die groteske Karikatur ist aber schon in Jahrreiss emblematischer Bild-Text-Kombination angelegt. Wenn der Nutzer Jahrreiss' phantastische Anleitung mitmacht, dann erkennt er Europa nicht auf den ersten, aber mit einem erzwungenen mimetischen Blick und als Ergebnis einer graphologischen Übung wieder. Er wird dann ein Teilnehmer einer Spiegelung und ist dann auch mit einem Gesetz versorgt.

Europa tritt unheimlich und mit Anleitungen zur Wiedererkennung auf. Die kartographische Projektion, die seit der Renaissance in den optischen und berechneten Systemraum verlegt wurde, verlegt Jahrreiss in das Intro eines zwanghaft träumenden Subjekts. Diese surreale Zeichnung findet sich am Beginn der Tafeln und Übersichten zur „Verfassung des Deutschen Reiches", weil Europa nach Jahrreiss zur „äußeren Souveränität" Deutschlands gehöre. So, wie die Tafeln von einem Punkt außerhalb des souveränen Bewusstseins bedrängt werden, so wird die Verfassung Deutschlands von einer äußeren Gestalt bedrängt. „Der Raum" sei nämlich „durch das Meer gegliedert".[193] Die Wassermassen „glieder[n]" den Raum und versorgen ihn, wenn auch erst mit Hilfe des eingezeichneten Nervenkanals, mit jener „überraschenden Symmetrie", die Jahrreiss neun Jahre später noch zur „augenfälligen" und „überwältigenden Symmetrie" werden lässt.[194] Zum Kern der Überraschung kam Jahrreiss 1930 erst nach einem Sprung: Er sprang über einen Absatz von der imaginären Kartographie Europas auf die „Organisationsgeschichte" dieses Landstriches. In diesem Abschnitt finden sich Hinweise auf die Mobilisierungs- und Militärgeschichte, auf Flanken, Stöße und Gegenstöße. Es folgen Hinweise zu Überschreitungen und Durchquerungen, Wikinger und Hellenen, Demokratie und Sowjetunion. Diese zerstückelte und zusammengesetzte Geschichte folgt nur der Behauptung, dass der Raum schon eine Ordnung habe. So kurz und schnell hat

---

[193] *Jahrreiss* (Fn. 170), S. 39.
[194] *Jahrreiss* (Fn. 187), S. 22.

kein Staatsrechtslehrer den tobenden Lauf der Geschichte in Ordnung gebracht. Der ganze Abschnitt ist knapp eine Seite lang. So grell haben wenige ihr Begehren nach Ordnung aufblitzen lassen. Eine Faltung im Papier und die Dogmatik erfährt ihre „Involution", ihren artifiziellen Verschluss, mit dem sie dem Realen gegenüber auf Distanz gehen kann, um sich auszubilden. Alain Pottage hat die Technik der Einfaltung als einen Zug des Rechts ausgemacht.[195] Sie ist kein Akt der Rückbildung, sondern der Ausbildung. Eine solche Involution ist aber auch der Rückzug vom Realen, damit die Dogmatik raffiniert werden kann, auf dass auch ihre Nutzer ins Gesetz involviert werden.

Auf der Suche nach der Symmetrie kommen die Kulturtechniken des Rechts vom Phantastischen und Surrealen nicht so schnell los. Jahrreiss ist nicht unbedingt ein Vorbild für das, was die symmetrische Dogmatik sein könnte. An ihm wird aber deutlich, worauf sie stoßen kann, eben weil sie sich für die Innen- und Außenseite der Dogmatik interessiert. Man muss in diesem Sinne nicht vor Jahrreiss warnen oder sein Buch als idiosynkratische Lächerlichkeit abtun. Man muss ihn als Teil des juristischen Alltags wahrnehmen, in dem es Diagonalen gibt, die Kleckse mit Nervenkanälen, Anthropomorphismen mit gespiegelten Territorien, das Ganze mit dem System der Weimarer Verfassung und dann wieder der Ausbildung

---

[195] *Alain Pottage,* The Fabrication of Persons and Things, in: ders./Martha Mundy (Hg.), Law, Anthropology and the Constitution of the Social. Making Persons and Things, S. 1–39 (14).

von Volljuristen verbinden. Die Unterstellung juristischer Autonomie verdeckt diese Verbindungen, weil sie gegenüber dem Ideal der Autonomie exzessiv sind. Und doch gehören sie zu den Techniken, die erst für eine Resonanz sorgen zwischen dem Recht und denjenigen, die ihren Anteil daran nehmen. Jedes institutionelle System, behauptet *Legendre,* habe „die Einsätze der Reproduktion zu spielen". Damit

> „das politische Wesen einer Gesellschaft spricht, ist eine Einrichtung notwendig, durch die es plausibel – also menschlich repräsentierbar – wird [...]. Mit anderen Worten: Solch eine Diskurskonstruktion verlangt die Setzung einer Fiktion, in unserem Falle die Fiktion eines Subjektes [...]. Wir, als Angehörige der auf abendländische Weise instituierten Vernunft, sträuben uns gegen diese anfängliche Setzung [...] Ein Wunder im Sinne des lateinischen ‚monstrum', ein irgend geartetes monumentales Subjekt gehört zum Rüstzeug dessen, was wir, ohne an solch Unvernunft zu denken, als Diskurs-des-Rechts bezeichnen."[196]

Legendre versteht das als Teil einer dogmatischen Anthropologie, in der es um die Einrichtung eines Wesens geht, das nicht nur Vernunft hat, sondern auch einen Grund. Die Vernunft ist dabei selbst schon nicht nur vernünftig, sie ist auch gründlich, d.h. grundgebend, weil sie dem Mensch schließlich einen Grund gibt. Legendre spricht die Ambivalenz dieses Unterfangens an, weil die Vernunft in ihren Gründen auch an ihre Grenzen komme. Der ambivalente Begriff des monstrums taucht bei Legendre nicht zufällig auf: Es ist das monumentale Subjekt, das sich

---

[196] *Legendre* (Fn. 195), S. 47.

zeigt und allen anderen Subjekten zeigen soll, wer sie sind, aber dessen magische Gleichung eben auch die Grenzen der Vernunft aufzeigt, allein schon weil es zur Grundgebung dient. Legendre wählt in seinen Arbeiten eine Reihe von Beispielen für etwas, was man die Emblematik des abendländischen Subjektes nennen könnte. Jahrreiss' Europatafel gehört nicht wirklich zu den populären Beispielen einer solchen Emblematik, und vielleicht liegt das daran, dass sie noch einmal an die „latent psychotischen" Gründe des Rechts erinnert.[197] Das Lehrbuch ist ein Teil solcher Diagonalen, die Gesellschaften zwar mit dem Gesetz versorgen, indem sie ein ‚monstrum' reproduzieren. Sie legen aber auch eine frivole Maßlosigkeiten offen. Der Mensch wird in dieser Ausbildung dem Menschen ähnlich gemacht, aber nicht nur ihm. Sowas wie das System in Tafel und Übersichten kommt vor. Das lässt immer wieder mit der versteckten Verwechselbarkeit von Ordnung und Verrücktheit rechnen. Es lässt auch damit rechnen, dass das Recht mit seinen Montagen und seinen graphologischen Vorgängen immer schon weiter in die Fabrikationen von Personen, Dingen und Verhältnissen involviert ist, als es die bescheidenen Beschreibungen seiner Autonomie angeben. Während Schulz exemplarisch und Riedenschneider symptomatisch ist, weisen die Tafeln, weil sie Schreibgründe sind, auf eine prinzipielle Bindung zwischen dem Recht und den Scheidekünsten. Kein Recht ohne Schreibvorlage, kein Gesetz ohne graphologischen Vorgang. Alles das gehört also

---

[197] *Vismann,* Das Schöne am Recht, Berlin 2012, S. 38.

zu den äußeren Dingen des Rechts, die zwar die äußersten Dinge sind, aber nur, weil es keine noch äußeren gibt. Noch ihr Superlativ rührt aus einem Mangel.

***

V. Wozu also Kulturtechniken?

Durch, aber nicht fertig. Ich bin mit meiner Sammlung von Scheidekünsten schon durch, auch wenn das noch längst nicht alles ist und einiges übrig bleibt.[198] Wieso beschäftige ich mich mit der Scheidekunst? Das alles ist ein Teil noch unbetitelter und schon juristischer Kulturtechnikforschung. Die Rechtswissenschaft wundert sich heute über die Kultur und die Medien; die Medien- und Kulturwissenschaft über das Recht, also zögert man, was man miteinander soll. Dabei ist die Antwort einfach. Das Programm der Kulturtechnikforschung ist auch aus einer Kritik an der Konstitution der Moderne, ihren Selbstbildern und Systembeschreibungen entstanden. Wenn diese Forschung dogmatisch ist, dann zielt sie auf eine symmetrische Dogmatik. Voraussetzungen, wie sie von Latour in den 1990er Jahren für die Anthropologie gemacht wurden, werden also auch für die Kulturen des Gesetzes gemacht. Das heißt u.a., dass die Forschung auch jenes Wissen rekonstruieren soll, das unthematisiert blieb, weil es jenseits der Schwelle des Menschen, des Rechtssubjektes und seiner Gesetze lag. Die Forschung zielt auf Ausgeschiedenes, auf Ausscheidungen und auf ein „eigenes Sekret" des

---

[198] Siehe nur zur Teilung und zum Schnitt *Giorgio Agamben,* Die Zeit, die bleibt. Ein Kommentar zum Römerbrief, Frankfurt am Main 2006, S. 56–71.

Rechts. Sie peilt an, was unterhalb einer Schwelle der Manifeste nicht manifest ist und dennoch an der Reproduktion des Gesetzes teilhat. So findet man bei allen Fragen, was das denn soll, auch zahlreiche Ideen, die technische Analyse des Rechts archäologisch, also als eine Untergrundanalyse des Rechtes zu betreiben.[199] Es gibt dabei Nähen zu den historischen Arbeiten von Peter Goodrich, etwa zu seinen Thesen über das „positive Unbewußte" des Rechts.[200] Goodrich behauptet, das moderne Recht sei durch eine Verschiebung der Jurisprudenz vom Göttlichen zum Menschlichen entstanden. Dabei sei es zu einer Unterdrückung derjenigen Disziplinen gekommen, die in der Referenz auf ein absolutes, göttliches Wissen und in Bezug auf den beschränkten Zugang zu diesem Wissen in gewisser Weise verhindert hätten, dass das positive Recht auf sich selbst zurückfällt. Die alten Hierarchien seien insoweit sogar pluralistischer gewesen als die neuen Autonomien. Die Krise des positiven Rechts sei ein Symptom, in dem das Unterdrückte wiederkehre. Der Blick auf das, was man mit der Formulierung von Laplanche die „unvollendbare kopernikanische Revolution" nennen könnte, scheint mir treffend, weil sich das Gesetz durch seine Positivierung nicht selbstgenügsam fassen lässt. Während Goodrich in diesem Zusammenhang aber den Blick auf eine historisch entfernte Zeit wirft, in der sich das Recht anderen Wissensformen noch nicht verschlos-

---

[199] Vgl. die Nachweise oben Fn. 35–41.
[200] *Peter Goodrich,* Salem und Byzanz. Eine kurze Geschichte beider Rechte, in: Ulrich Raulff/Gary Smith (Hg.), Wissensbilder. Strategien der Überlieferung, Berlin 1999, S. 33–59.

sen hätte, kann man in Bezug auf die Geschichte und Theorie der juristischen Kulturtechniken kaum auf eine unverstellte Zeit des Rechts zurückkommen. Vielleicht gab es, wie Goodrich unterstellt, diese „historisch bedeutsame" Unterdrückung und Verdrängung weiterer Rechte. Ganz bestimmt wird die Geschichte des Rechts aber prinzipiell durch Technik begleitet und das ist ebenso prinzipiell eine Art Kollateralgeschichte, also eine Geschichte aus Begleitung und Störung.[201] Ganz bestimmt war auch das weitere Recht limitiert und verstellt, gesperrt und abgeschirmt. Vielleicht war Gott einst eine Formel für Übertragungstechniken, und vielleicht bewahren sich seine Referenzen in den Übertragungstechniken. Dann war er aber auch eine Fabrik. Die Kulturtechnikforschung kann das Wissen darum aufnehmen, sie kann mit ihrer Spannungslage zwischen Technik und Dogmatik aber keine Theotechnokratie einfordern. Sie sollte eine historische Analyse des beschränkten Rechtswissens liefern und sich darum sorgen, dass die Rechtswissenschaft in ihrem Erfolg keiner narzisstischen Perversion erliegt.

Technik und Dogmatik rivalisieren. Wenn technische Objekte sich dadurch auszeichnen, dass ihre Handlungsmacht von den Nutzern eigensinnig abgerückt ist und wenn Dogmatik der Name einer Disziplin ist, die sich dank ihrer historisch eingeübten Limitierungen als die Disziplin der Trennungsmacht schlechthin versteht, dann gibt es gleichzeitig einen Link zwischen Technik und Dogmatik, der in seiner Struktur dem gleicht, was Nietzsche eine Verhäke-

---

[201] *Riles,* Collateral Knowledge (Fn. 11).

lung genannt hat, weil es die beiden Bereiche auf eine unruhige und widerständige Art und Weise verbindet. Lawrence Lessig hat vor einigen Jahren in der Frühzeit eines neuen, digitalen Rechtstechnikdiskurses die inzwischen vielzitierte und kursierende Formel veröffentlicht: „Code is Law".[202] Der Satz war ein Titel, er war zentral und fasste Lessigs Botschaft zusammen, nach der nun die Computertechnik zu einer neuen Grundlage des Rechts werden sollte. Der Satz kann eine Tautologie, eine Metapher, eine Metonymie, eine systematische Definition sein. Er kann als historische Aussage über eine Vererbung, eine Übernahme oder eine (erfolgreiche) Revolution verstanden werden, also auf sehr unterschiedliche Art und Weise. Computer tauchen an Stellen auf, an denen Recht prozessiert wird, und technische Zugangsfragen sind Rechtsfragen. Dennoch ist der Umstand, dass das Recht herrscht und beholfen ist, nicht neu. Revolutionär ist das in der Bedeutung, die dieser Begriff zwischen Bruch und Wiederkehr hat. Aber es ist nicht unbedingt erfolgreich. Wie sich die Rivalität in dem Link zwischen Technik und Dogmatik endgültig entwickeln wird, das ist darum nicht nur eine offene, sondern auch eine unverschließbare Frage.[203] Einige Jahre vor Lessig haben Walter Popp und Bernhard Schlink dem Verhältnis zwischen Technik und Dogmatik eine Fassung gegeben, in der die Spannung schärfer herausgestellt wird. Die beiden schrieben

---

[202] *Lawrence Lessig,* Code and other Laws of Cyberspace, Stanford 1999; *ders.,* Code is Law. On Liberty in Cyperspace (2000), http://harvardmagazine.com/2000/01/code-is-law-html.

[203] *Supiot* (Fn. 27), S. 179–221.

1970 ein Programm namens „JUDITH [so im Original, FS]" und sie merken dazu an:

> „Wer ein Programm schreibt, ist seiner darum noch nicht Herr. Vielmehr entwickelt das Programm während der Programmierarbeit und Testläufe ein Eigenleben und will umworben sein. Die Wahl eines Mädchennamens als Programm-Name trägt dem Rechnung. In den Anfangsbuchstaben gerade des Mädchennamens Judith sind die führenden Buchstaben der Wörter JUristischer DIalog zu erkennen."[204]

Mädchenname ist nett gesagt. Judith ist immerhin bereit, den Kopf abzuschlagen wenn es der Sache dient. Zumindest die grundlegende Judith, also die kanonische und mythische Gestalt, verhält sich fast wie die mantis religiosae, die Gottesanbeterin, zumindest geht eine ähnliche „lyrische Macht" von ihr aus.[205] Judith als Medienname, als Bezeichnung kopfloser Konditionen und schließlich als Montage eines solchen juristischen Dialoges, der nicht unbedingt als Paarbildung verstanden werden kann und dann doch faszinierend und fesselnd ist, das ist keine schlechte Idee. Die Fassung, die die beiden mit ihrer Randbemerkung dem Verhältnis von Recht und Computer, Dogmatik und Technik damals gaben, betont nicht die Äquivalenz und die Entsprechung zwischen diesen Sphären. Sie wirf ein Licht auf Mythos und Namen, Anfänge und Führung, Buchstaben und Wer-

---

[204] *Walter Popp/Bernhard Schlink,* Judith. Konzept und Simulation eines dialogischen Subsumtionshilfeprogramms mittleren Abstraktionsgrades, in: Dieter Suhr (Hg.), Computer als juristischer Gesprächspartner, Berlin 1970.
[205] *Caillois* (Fn. 77), S. 9.

bung. Lessigs Fassung des Verhältnisses ist dagegen kurz und knapp, enigmatisch, geheimnisvoll und erklärungsfrei. In Popps und Schlinks Fassung tauchen Erklärungen, aber auch einige mögliche Widerstände und Widersprüche auf. Mir scheint aber, dass das zwei Fassungen ein und desselben Verhältnisses sind. Es kennzeichnet gerade die Rivalität, dass sie sich eine einfache und eine widerständige Fassung geben kann. In der Perspektive juristischer Kulturtechniken ist alles daran gemacht. Die dogmatische Agentur ist noch Teil einer Grundgebung, die kulturtechnisch mit Hilfe des Computers und/oder mit Hilfe von legendären, mit lyrischer Macht ausgestatteten Namen vollzogen wird. Zur Not muss man ein Programm JUDITH nennen, weil sich sonst weder Programmierer noch Nutzer finden und dann auch nichts fesselt. Auch die Agentur digitaler Medien ist mit einem Schein versorgt, der eine dogmatische Seite hat, und die durch keinen technischen Reinigungsprozess verschwinden kann. Keine Materialisierung holt das Gesetz auf den Boden. Es bleiben nur, aber immerhin, Gründe. Diese Dogmatik sollte man in der Wissenschaft für sein Aufgabengebiet reklamieren, wenn man sich für digitale Medien interessiert. Ein Gesetz haben diese Medien ohnehin, ob mit oder ohne manifeste Gesetze. Für eine Wissenschaft juristischer Kulturtechniken wäre es höchst unproduktiv, die Grenzen der Agentur als gegeben vorauszusetzten. Sie mitzumachen soll heißen, sie zu erforschen, zu analysieren und zu beobachten, wie diese Grenzen eingerichtet werden, um eingerichtet zu sein.

Die Kulturtechnikforschung sollte in diesem Kontext eine bestimmte Spannung nicht auflösen, die eine

Reihe von Wissenschaften eindeutig auflösen wollen. Das ist die Spannung, die daraus entsteht, dass das Recht fundamental zweideutig (also auch fundamental und zweideutig) ist. Diese Spannung wird oft (nach einer sorgfältigen Feststellung der Kontingenz) aufgelöst, indem das Recht entweder mit einer bestimmten Funktion bzw. Eigenschaft identifiziert wird. Oder man verbindet es mit einer bestimmten Rückseite, einer Art negativem und notwendigem Echo (wie etwa der Macht oder der Gewalt). Im Detail ist – um ein Beispiel zu nennen – Niklas Luhmann im Laufe seiner Untersuchungen vielleicht zurückhaltender geworden. Der frühe Luhmann arbeitet vielleicht deutlicher mit einer Funktionszuschreibung, die er später in einem abstrakten Begriff der Autopoiesis fast aushöhlt. Alles in allem bleibt bei ihm, wie bei so vielen Autoren, die Versicherung zurück, dass nur Recht Recht und Recht nur Recht sei. Der Versuch, das genuin Juristische zu qualifizieren, kann noch so ausschnitthaft sein (und zum Beispiel nur auf das verbindliche Entscheiden abstellen), aber das ist dann nicht einmal Anlass für Kritik, eben weil es den Autoren dann letztlich darum geht, die Unersetzlichkeit des Rechts zu versichern. Wie soll man auch sonst das symbolische Kapital, auf dem Fakultäten und Institutionen gründen, zusammenhalten? Nur Recht soll also Recht sein und bleiben. Die darin liegende Tautologie geht aber nicht bruchlos vonstatten. Die Tautologie ist brüchig. In ihr passiert unendlich mehr, als dass nur die Rückseite des Rechts, sein zweites Gesicht, mitgeführt würde. Auf der Rückseite des Rechts kommt also zum Beispiel nicht immer die Macht, sondern auch mal die Ohnmacht vor. Es ist nämlich etwas anderes als Recht und Gesetz, das Recht und Gesetz überträgt. Die Unterschiede des Rechts (gegenüber der Religion, der Politik, der Religion) können gar nicht geleugnet werden. Sie sind aber auch nicht selbstgenügsam. Das Recht ist nicht nur kontingent, es scheidet auch immer etwas anderes aus, produziert immer neue und überraschende Sekrete und wird schließlich dank aller dieser Mittel selbst reproduziert. Wenn Technik und Dogmatik ineinander übersetzbar sind und das zugleich ein Verhältnis der Rivalität ist, dann überträgt sich das Recht, weil es miteinander rivalisiert.

Das Recht ist talentiert. Nicht zuletzt dank der Scheidekünste sind zwei Talente des Rechts grenzenlos. Es kann seine Exklusivität behaupten und sich anpassen, und zwar gleichzeitig. Statt also zu versuchen, mit Hilfe weiterer und letzter Scheidekünste die Eigenheiten des Rechts in Begriffen, wie denen der „Autopoiesis", der „Rechtskraft" oder der „Existenzweisen", zu bestimmen und zu versichern, rät ein Blick auf die Scheidekünste, davon auszugehen, dass die Unterschiede eigenschaftsfrei und ungesichert sind. Wenn der Unterschied zwischen Recht und Unrecht nicht mitgemacht wird, dann fällt er weg. Die Kulturtechnik muss vielleicht nicht auf Hochtouren laufen, aber sie muss laufen. Das juristische Fundament ist eben nicht nur eine aporetische Tautologie und nicht bloß eine „apodiktische Gewissheit". Die fundamentale Zweideutigkeit ist auch eigenschaftsfrei und sie hat Passagen. Das Recht ist nicht nur verlässlich, es verlässt auch die Stellen seiner Quellen. Das Recht ist „aus allem möglichen zusammengesetzt, es besteht aus allem und nichts."[206] Harte Schale und kein Kern: Das Recht ist bei aller unleugbaren Abschirmung kernlos. So, wie die Politik immer wieder vom Politischen begleitet wird, und sich der Begriff der Politik damit umschreiben lässt, so müsste man den Begriff des Rechts eigentlich auch immer von einem Begriff des Juridischen begleiten lassen, um ihn immer weiter umschreiben zu können. Die Kernlosigkeit des Rechts ist weder eine frohe noch eine katastrophale Botschaft. Das Recht behält seine Gründe, die imaginär oder symbolisch, in beiden Fällen aber abgeschirmt sind. Zu den Komplikationen im Recht gehört ein Alltag, in dem das Imaginäre und das Symbolische auch laufend verwechselt werden und die Leute aufgrund dieser Verwechslung glauben, das Signifikante am Recht sei schon seine Erfüllung. Das Recht kann begehrenswert sein. So etwas kann katastrophal geraten, weil das Recht dann gleichzeitig ausrasten und einrasten kann. Es kann seine Limits aus dem Blick verlieren und dabei sein Spiel der Limitierung weitertreiben. Wenn die Kulturtechnikforschung und ihre symmetrische Dogmatik zur Ausbildung beitragen sollten, dann zu einer parajuridischen Ausbildung. Ihr Ziel wäre es, die Verstellungen des Rechts, die Montagen und Scheidekünste weiter in den Blick zu nehmen, an ihnen zu forschen und zu lehren. Sie will an den Linien entlang denken.

Den diagonalen Wissenschaften eine Chance geben. Es sei an der Zeit, hat Roger Caillois gesagt, den

---

[206] *Bruno Latour,* Den Kühen ihre Farbe zurückgeben, ZMK 2013, S. 83–100 (94).

"diagonalen Wissenschaften" eine Chance zu geben.[207] Er brauchte diesen Begriff im Kontext einer Genealogie der Wissenschaft, die es mit überspringenden und unsauberen Differenzen zu tun hat. Diagonale Wissenschaften sollten solche seien, die bestimmten Fallen ausweichen, „um den wirklich nützlichen Unterscheidungen auf die Spur zu kommen: jenen, die das Feld einer Disziplin begrenzen". Anscheinend gibt es Unterscheidungen, die nicht wirklich nützlich sind und die Fallen stellen. Die diagonale Wissenschaft sollte für ihn umso mehr eine hohe Kunst sein, weil die Fallen keine Sinnestäuschungen und kein bloßer Schein seien. Um das zu veranschaulichen, schildert er eine Reihe von Beispielen aus der Geschichte der Klassifikationen. Der Salamander war einst ein naher Verwandter der Maus, weil beide die gleiche Anzahl von Beinen haben; Wale waren Fische und Fledermäuse Vögel. Heute ist das anders. Zwischen den Zeiten stehen diagonale Wissenschaften, die verbinden, was unterschiedlichen Reichen angehört und die damit den wirklich nützlichen Unterscheidungen auf die Spur kommen. Insofern war das Hinein, Hinaus und wieder Hinein, dass ich hier vorgetragen habe, Teil solcher Diagonalen, die das Recht mit dem verbinden, was es nicht ist. Es war Teil solcher wirklich nützlichen Unterscheidungen, die verdeckt werden, wenn man nur den vorgefertigten Unterscheidungen des Rechts nachgeht. Der Systemgedanke und die Idee juristischer Autonomie verdecken diese Diagonalen, weil die Diagonalen exzessiv erscheinen. Der

---

[207] *Roger Caillois,* Méduse et Cie, Berlin 2007, S. 47–52 (52) auch für die folgenden Zitate.

Begriff der Dogmatik ist ausgerechnet in Deutschland, wo er eine große Rolle spielt, ausgedünnt. Er bezeichnet nicht mehr eine Wissenschaft der Abschirmung inklusive ihrer archäologischen und ästhetischen Züge. Er bezeichnet die Abschirmung exklusive ihrer archäologischen und ästhetischen Züge, als müsse man nicht mehr wissen was man ausschließt und als könne man nur auf die Innenseite vertrauen. Indem man das Gebot des Fremdelns einfach und unhinterfragt befolgt, sich mit seiner Disziplin identifiziert sowie mit der Sorge, die Herrschaft über den eigenen Gegenstand zu verlieren, ignoriert man an den meisten juristischen Fakultäten die Diagonalen. Und doch gehören diese Diagonalen zu den Techniken, die für ein Echo oder eine Resonanz zwischen dem Recht und seinen Teilnehmern sorgen. Erst in dem Nebeneinander von manifesten und nicht-manifesten Gesetzen kommt es zur Übertragung des Gesetzes und zur Reproduktion des Rechts. Erst das Scheiden sorgt für die Plastizität, in der das Recht entsteht. Erst die Scheidekünste eröffnen den Raum, in dem das Recht mit seinen symbolischen Fertigkeiten die Teilnehmer fesseln und binden kann. Dem Interesse an der Grundgebung kann cool nachgegangen werden. Statt der Expertise der Rechtswissenschaft also dadurch nachzueilen, dass man weitere medienwissenschaftliche Gründe an das Recht heranträgt, arbeitet die Kulturtechnikforschung darum an einer Logik der ‚Untergründlichkeit', die sich gegenüber dem Geltungssymbol des Rechtssystems und seinen Handelswegen schlichtweg unbekümmert zeigen kann. Weder die Aporien noch die Passagen des Gesetzes sollen in dieser Forschung ausgeblendet werden. Man muss ohnehin lehren, aus Aporien auch Passagen zu machen. Das Wissen vom Recht sollte nicht zugangsfixiert sein, sondern sich auch um Ausgänge sorgen. Es soll nicht nur Assessoren, also nicht nur Zugänger und Zugangshüter produzieren, sondern auch Passagiere, Passanten und andere professionelle Außenseiter. Man soll mit dem Scheiden anfangen.

Zum Autor

Fabian Steinhauer lehrt und forscht zur Medien- und Rechtswissenschaft. Seine juristischen Schwerpunkte sind öffentliches Recht, Rechtstheorie und Medienrecht. Seine medienwissenschaftlichen Schwerpunkte sind institutionelle Medien und Kulturtechniken des Rechts. Publikationen: „Gerechtigkeit als Zufall", Wien/New York 2007; „Bildregeln", München 2009; „Das eigene Bild", Berlin 2013. Zusammen mit Markus Krajewski hat er die gesammelten Aufsätze von Cornelia Vismann herausgegeben.

Printed by Libri Plureos GmbH
in Hamburg, Germany